下一个
不确定的时代
如何应对风险更高的未来

The Next Age of
Uncertainty
How the World Can Adapt to a Riskier Future

[加]斯蒂芬·波洛兹 (Stephen Poloz) 著
法意 译

中信出版集团 | 北京

图书在版编目（CIP）数据

下一个不确定的时代 /（加）斯蒂芬·波洛兹著；
法意译 . -- 北京：中信出版社，2024.6
书名原文：The Next Age of Uncertainty: How the World Can Adapt to a Riskier Future
ISBN 978–7–5217–6262–4

Ⅰ.①下… Ⅱ.①斯…②法… Ⅲ.①未来经济－研究 Ⅳ.①F201

中国国家版本馆 CIP 数据核字（2023）第 248397 号

The Next Age of Uncertainty: How the World Can Adapt to a Riskier Future
by Stephen Poloz
Authorized translation from the English language edition titled The Next Age of Uncertainty: How the World Can Adapt to a Riskier Future by Stephen Poloz, published in North America by Allen Lane, an imprint of Penguin Random House Canada. Copyright © 2022 by Poloz Advisory Inc.
This Simplified Chinese translation published by arrangement with The Grayhawk Agency Ltd.,CookeMcDermid Agency Inc. and Rick Broadhead & Associates Inc.
Simplified Chinese translation copyright © 2024 by CITIC Press Corporation
ALL RIGHTS RESERVED

下一个不确定的时代
著者：　　［加］斯蒂芬·波洛兹
译者：　　法意
出版发行：中信出版集团股份有限公司
　　　　　（北京市朝阳区东三环北路 27 号嘉铭中心　邮编　100020）
承印者：　嘉业印刷（天津）有限公司

开本：787mm×1092mm 1/16　　印张：18.25　　字数：250 千字
版次：2024 年 6 月第 1 版　　　　印次：2024 年 6 月第 1 次印刷
京权图字：01–2023–6088　　　　　书号：ISBN 978–7–5217–6262–4
定价：79.00 元

版权所有·侵权必究
如有印刷、装订问题，本公司负责调换。
服务热线：400–600–8099
投稿邮箱：author@citicpub.com

献给我心爱的瓦莱丽

目 录

引　言 / I

第一章　构造力

追忆：2018 年，巴厘岛 / 003

地壳运动中的构造力 / 005

变化中的五种经济构造力 / 006

经济构造力间的相互作用导致不稳定性 / 014

新冠疫情：对经济韧性的考验 / 018

更高的风险势必在某处落地 / 020

第二章　人口老龄化

追忆：1959 年，奥沙瓦 / 023

潜在经济增长趋势 / 025

经济增长主要是由人口驱动的 / 028

人口趋势也会影响利率 / 032

第三章　技术进步

追忆：1966 年，《星际迷航》/ 039

经济学与人类历史 / 041
三次工业革命，三段痛苦时期 / 043
第四次工业革命 / 047

第四章 收入不平等加剧
追忆：基层视角中收入不平等最明显 / 053
不平等议题成为政治焦点 / 055
技术进步和全球化拉大收入差距 / 056
全球供应链是如何运作的 / 061
经济问题最终变成了政治问题 / 065

第五章 债务增长
追忆：终生难忘的暑期实习 / 071
持续的债务增长 / 074
宏观经济政策加速债务增长 / 076
政府债务的可持续性 / 078

第六章 气候变化
追忆：童年时期的气候 / 085
碳排放与外部性 / 086
碳排放标准、碳税与投资者行动 / 089

第七章 相互作用的经济构造力意味着世界更具风险
追忆：生活中的岔路口 / 103
理解不确定性 / 106
数据相关性与经济模型 / 108
蝴蝶效应、"黑天鹅"事件与混沌理论 / 111
政治与地缘政治 / 114

第八章　实时风险管理：以新冠疫情为例

追忆：回家 / 119

中央银行的使命 / 122

为新冠疫情后的经济复苏创造条件 / 134

后疫情时代的考量 / 137

第九章　未来的通货膨胀

追忆：个人的通货膨胀经历 / 143

债务与通货膨胀的相互作用 / 150

通货膨胀的混合风险 / 155

中央银行的独立性 / 158

第十章　未来的就业

追忆：毕业典礼 / 165

不稳定的工作 / 168

经济构造力对就业的结构性破坏 / 171

人口老龄化及未来新的就业机会 / 177

第十一章　未来的住房

追忆：家庭住房的变迁 / 183

房屋所有权是制度基石 / 185

房价的基本影响因素 / 187

经济构造力导致的住房市场波动 / 190

房贷和人生规划 / 191

租房还是买房 / 192

债务—权益框架 / 196

第十二章　风险的上升意味着向决策者征税

　　追忆：对政策的热情 / 203
　　经济构造力将增加财政负担 / 208
　　增税与经济增长 / 210
　　应对不断上升的风险 / 220

第十三章　给未来的一剂药方

　　追忆：基于价值观的领导力 / 229
　　商业规划情景 / 231
　　新投资的门槛利率 / 234
　　风险管理：新的无形投资 / 235
　　企业规模化趋势加强 / 239
　　如果政府不能作为，企业将替代其角色 / 241

结　　论　开启新时代 / 247

后　　记　理解后疫情时代的通货膨胀 / 257

致　　谢 / 267
参考文献 / 269
译　后　记 / 273

引　言

　　不确定性无处不在，经济领域尤其如此。你是否会担心周末的计划被糟糕的天气打乱？我们虽然有多款手机应用程序可以预报天气，但没有一款能够真正规避不确定性。不确定性充斥着我们的生活：我的工作有保障吗？我明年会赚更多钱吗？我在有生之年能买得起房子吗？现在是买房的合适时机吗？我攒的首付款在增值吗？股市有没有崩盘的危险？续借贷款的利率将会是多少？选择短期贷款还是长期贷款更加有利？我的预期寿命有多长？我的储蓄能否满足退休后的需求？为什么本周汽油价格如此之高？这些常见的问题涉及重要的个人生活决策，并将产生长远影响。我们每个人都生活在"经济"之中。

　　上述问题对个人来说已经相当复杂，对企业而言更是难上加难，因为后者需要考虑的因素更多。事实上，企业在这些问题上的决策水平不仅关乎企业的前景，还间接决定未来我们能否保住工作。对企业来说，想要维持业务运转、提供稳定的就业岗位，并实现持续盈利，就必须对未来的经济趋势做出预测（如销售情况、价格、利率和汇率等因素）。它们不仅需要将预测结果转化为业务计划，涵盖招聘预案、原材料订单、设备采购和业务扩张方案等各个方面，还必须制订相应的财务计划，通过银行、股票市场、债券市场融资。

由此观之，雇员与雇主都面临着同样的经济不确定性。经济增长与衰退、通货膨胀率（以下简称"通胀率"）、利率水平、汇率、股票市场、就业机会、工资水平、住房市场状况、政府支出和税收预期等对我们都很重要。从普通人的角度来看，虽然宏观经济学概念似乎很抽象，但它们是我们在做出所有重大经济决策时都要考量的因素。是否要找工作以及在什么地方工作；居住在哪里，租房还是买房；如果买房，那么在何时购入；是否借贷，贷款比例是多少；企业何时招募员工、何时裁员、何时扩张业务……经济学无处不在，它是我们呼吸的空气，是我们游憩的水塘。

即使没有专业的经济学知识，普通人也能察觉到经济越来越不稳定了，这意味着为未来制订计划将变得更加困难。人们经常会问："一切是否会恢复正常？"对此，本书给出的答案是"会"，但它可能并不是大多数人想象中的那种"正常"。简言之，未来几年的经济波动只会更大，不会更小。

一个经济波动更大的未来，意味着事情可能比我们预期的更糟或更好，可能产生的结果范围也更广。人们本能地讨厌不确定性，即使我们明白它其实是一把既能带来霉运，也能带来好运的"双刃剑"。不确定性带给人们压力。我们每天根据对未来的预期做出新的经济决策，但不确定性会导致我们更容易做出错误的决定。

经济不确定性增加，错误决策所带来的风险也会增加。未来，影响经济运行的力量将使就业、通货膨胀、房价、利率和股票市场经历更加频繁、更加剧烈的波动。例如，在考虑购房时，我们需要考虑到失业风险，以及因失业而失去偿还房贷能力的风险，而这些风险都将比过去更大。

因此，未来越不确定，我们在做日常决策时承担的风险就越大。面对不确定性，人们是如何做出决策的？人们的决策主要基于自身过去的平均经验，并总是期望未来会"走上正轨"。换句话说，如果事情现在看起来异乎寻常，那么大多数人希望它会"恢复正常"。但人们对"恢复正常"又抱有多大信心？我们越是不确定，做决策时就越有压力。当然，我们可以向家人、朋友或专家寻求建议，以缓解面对未知时产生的压力。

专家是一个特殊的群体，他们对未来形成预期的方式与普通人不同，他们会基于更广泛、更复杂的信息做出预测，包括对经济学的理解、大量的数据以及可以用于预测经济结果的计算机模型。专家整天都在忙着从事这些工作，而普通人则忙于日常工作，只能在晚上和周末的闲暇时间试着了解世界。普通人通过阅读报纸和书籍、上网搜索或浏览商业新闻与各种专家接触，了解世界的运作方式。不过，经济专家的数量很庞大，他们的各类意见更是数不胜数。人们接触到的经济信息过于冗杂，其中大部分信息很花哨、过于自信且相互矛盾，而专家也并不总能做出正确的预测，很多事情专家也无从预知。

在担任加拿大央行行长期间，我养成了诚实面对经济前景不确定性的习惯。这一点在经济受到重大干扰时尤其重要，因为此时经济模型很容易让我们误入歧途。一个好的例证是2008年的全球金融危机和随后的经济大衰退。当时，加拿大出口锐减，加元升值使情况雪上加霜。最终，加元兑美元在2011年跌破平价，引发了加拿大外贸企业的倒闭潮。后续几年，美元经历了持续贬值，经济学家因此预计加拿大出口将迎来复苏。遗憾的是，这种预测是错误的，因为许多外贸企业已经不复存在。经济学模型根本无法解释为什么会发生如此大规模的破产。这一事件完美地表明，经济预测应始终被解释为一系列可能结果的中间值，而有时这些可能的结果之间差异巨大。经济预测只是专家的猜测，通常由基于历史数据的模型支持。经济学家和科学家很像，他们接收大量信息，然后提出经济运作的假设模型。但是，科学家可以在实验室里验证科学假设是否正确，而经济学家和央行行长只能根据过去的事件建立模型。因此，只有当未来发生与过去类似的情况时，这些模型呈现的结果才显得较为准确。

本书写于新冠疫情暴发后，是一份对经济极端不确定性的研究成果。就我个人而言，疫情下的生活状况称得上混乱。在2020年春天的数周里，不规律且接连不断的线上会议贯穿了我一天的所有时间，我待在很少使用的家庭办公室中，依靠稳定性堪忧的网络参会。在这种条件下金融市场计划和货币政策工具都是匆忙部署的，我们大多数人只能依赖直觉而不是真实数据做出决策。

每当经济领域有极端情况发生，经济学家立刻就会被要求就这一情况对未来的影响发表意见。我个人对我们能否预测疫情将如何影响全球经济信心有限；然而，像往常一样，我依然对未来抱有乐观的预期。绝大多数人预测将出现一场重大而持久的经济震荡，我无法苟同。也许是我个人性格中积极的一面发挥了作用，我确实认为经济会表现出一定的韧性。这种情况使我想起了2001年的"9·11"事件，以及那次事件后我发表过的乐观声明。

"9·11"事件发生后，一些经济学家评论道："人们再也无法旅行了。"也有许多人认为全球经济将出现长期的深度衰退。当时我正在担任加拿大出口发展公司首席经济学家一职，至今我仍记得做出预测时与不确定性做斗争的感觉。最终，我们意识到不确定性本身正是最具实效的洞见。我们将自己的预测更名为"不确定的新时代"，承认未来可能永远不再如过去那般明确可测。在随后的几周里，我发表了约20次公开演讲，阐述我们对未来的看法。在这一过程中，我一直随身携带着约翰·肯尼思·加尔布雷思1977年出版的《不确定的时代》一书。我们并不认为全球经济将会衰退，但是认为不确定性的增加会阻滞国际业务的运转。在一个时刻存在恐怖主义风险的世界中，商业风险会变得更大，而企业会做出相应调整以适应新的形势。事实是，"9·11"事件发生后，世界经济并未衰退，而是实现了加速发展。

加尔布雷思的著作写于1973—1977年，对当时的经济学界来说，这一时期充满了不确定性，"正常"这一概念正在遭到颠覆。加入全球劳动力大军的"婴儿潮一代"正在扰乱劳动力市场。在阿拉伯石油禁运后，飞涨的石油价格对石油进口国造成了冲击。自第二次世界大战结束以来所建立的国际货币体系逐渐崩溃（在当时的布雷顿森林体系下，多数国家的货币与美元之间维持了固定汇率，而美元价值与固定重量的黄金挂钩），全球汇率发生了剧烈波动。这些事件均对世界经济造成了巨大冲击，过去人们认为"正常"的情况发生了根本性转变。受此影响，通胀率和失业率同时上涨，出现了那个时代的经济模型从未预测出的状况。显然，经济模型出了一些问题。

在接下来的十年里，人们对这些模型进行了彻底的反思。20世纪70年代末，我还在读研究生时，新一代模型出现了。正如加尔布雷思的观点：经济学一直在从一个重大的新观念发展到另一个观念，再到另一个观念，每一次新观念的支持者都带着绝对但不合理的信念宣扬它。

对经济学家的批评并非始于加尔布雷思。他引用了约翰·梅纳德·凯恩斯1936年的著作《就业、利息和货币通论》中的最后一段话：

> 经济学家以及政治哲学家之思想，其力量之大，往往出乎常人意料。事实上统治世界者，就只是这些思想而已。许多实行者自以为不受任何学理之影响，却往往当了某个已故经济学家之奴隶。

每当世界发生变化，经济理论也必须随之变化。未能适应时局变迁的经济学家将得出错误的结论，所有追随他们的人也将陷入误区。

正如马克·吐温所言，历史可能并不总是重演，但它常常押韵。当金融市场在2020年春末平静下来时，我重新思考了过去在重要转折点上所做的经济预测，以及这些预测的错误程度。很多错误不是小数点上量的错误，而是根本的方向性错误。对这些错误预测的唯一合理解释是，这些重大事件改变了经济的基本因素。我们的理论已经失去了预测未来的能力。

经济学家对经济基本因素都有自己的判断，那是一套关于要素和要素之间关系的概念组合，不会因时间的推移而改变。经济运行总是受到不同事件的干扰，因此人们很少能在预设条件不变的情况下进行观察，但是在被干扰后，经济情况仍将回归到符合这些基本运行规律的状态，经济学家将此称为"长期均衡"或"稳定状态"。经济模型正是基于这一基本结构，试图解释经济围绕稳定状态的波动。目前，经济模型被用来预测经济将如何从当下恢复到稳定状态。鉴于新冠疫情的巨大冲击，我想知道，在经济中有哪些常量可以作为未来的锚，使我们在疫情过后能够回归舒适区。

我很快意识到，在今天的经济运行中可能很难找到这样的常量。2019年以来，我一直在思考长期力量对经济不稳定性的影响。那一年，我有幸在云杉牧场财富变迁圆桌会议①的一次大型演讲中简单介绍了自己对这一问题的初步想法。云杉牧场财富变迁圆桌会议每年召开一次，是商业领袖和政策制定者之间的高规格国际会议，在20多年前由已故的罗恩·萨瑟恩发起，此后一直由萨瑟恩家族主持。在准备那次演讲的过程中，我逐渐意识到，多个关键的基本经济要素并非一成不变，它们实际上一直在动态演变，并且这些变化中蕴含的经济力量将塑造我们的未来。本书就是在云杉牧场演讲的基础上发展而来的。

在制订未来计划时要考虑很多长期因素，知易行难。当几种力量同时作用于经济，它们之间的相互作用将产生复杂的结果，引发难以解释的经济不稳定，甚至是经济危机。20世纪70年代，加尔布雷思创作《不确定的时代》时，这些力量中的一部分就已开始产生影响。这是我认为我们的未来属于"下一个"不确定的时代的原因，也是本书书名的由来，这是一个显而易见且富含感性因素的选择。这个书名同时意味着，"下一个"不确定的时代肯定不会是"最后一个"不确定的时代。

本书希望帮助读者更好地了解日常生活中所需要承担的风险，以便做出更好的决策。本书认为，一个正在成形的风险浪潮即将席卷每一个人，同时本书也为指引未来提供了具体建议。

无论你是首席执行官、经济学家，还是考虑孩子教育问题的父母，一旦你每天都在为生存而疲于奔波，就很容易忽视变化中的、影响巨大的经济构造力，而这些构造力将在未来很长一段时间影响我

---

① 会议于2019年9月6日在加拿大艾伯塔省卡尔加里市举行，本书作者在会议上做主题报告《瞬息万变的趋势：长期主义——零国集团、人工智能和债务》，讨论了影响全球经济的三种长期力量及其对企业和政策制定者的影响。——译者注

们。也正是这些影响巨大的经济构造力，将决定我们的努力拼搏所能获取的最终结果。本书旨在帮助我们更清楚地思考下一个不确定的时代，并为之做好准备。

第一章

构造力

追忆：2018年，巴厘岛

由于工作需要，这些年我经常出差。在美国、加拿大和欧洲之间来回奔波已是家常便饭，但因为距离远，我还未去过中国、印度、澳大利亚、南非和中东。想要到达这些地方，即使乘坐时速接近1 000千米的飞机也需要耗时一天以上，这会让你对世界究竟有多大有直观的认识。

2018年10月，我曾经去往印度尼西亚的巴厘岛，那次旅程就特别漫长。那次我是去参加国际货币基金组织和世界银行的年度会议，这类会议通常一年在美国华盛顿哥伦比亚特区举行，一年在会员国举行。当时，大量人员涌入东道国，包括各国央行行长、财政部长、政府官员、各商业银行行长、媒体人士等，他们给当地的安全和住宿等基础设施带来了很大压力。巴厘岛是一个旅游胜地，这次旅行对我个人而言算是享受了一些特殊福利。当然，我的时间主要花在了参加会议上，不过因为酒店坐落于海滩之上，所以至少我窗前的风景十分迷人。那时巴厘岛虽处于晚春，天气却很热。男士们被提前告知要穿着蜡染衬衫，不要穿正装、打领带，这在我听来很是新奇。

航班抵达后，我们在机场受到了贵宾礼遇，被带到了一个私密的房间享用茶点，入境手续则由当地官员代为办理。然后，我们很快被带到了海滩，入住酒店。进入房间后，侍者向我简要介绍了当地频发的地震和海啸情况，虽然当时我的时差反应很严重，但我还是注意聆听了这段介绍，因为就在几周前，印度尼西亚北部的中苏拉威西省发生了灾难性地震并伴有大型海啸，4 000多人罹难，另有数千人流离失所。那是我们当时最关注的事件，而巴厘岛会议在受灾的情况下还能如期举行，也表明了印度尼西亚的韧性。侍者告诉我，如果灾害警报响起，应当到楼顶避险，那里的高度足以应对大浪。我的房间很漂亮，大大的窗户被分成小小的窗格。而我遵循一贯的远途旅行习惯，立刻上床睡觉。

夜深人静之时，玻璃突然发出了刺耳的声音。我立刻就站起身来，发现地板正在晃动，整个房间都在来回摇晃。我站在浴室门口直到震动结束，当时我对情况了解很少，也无法采取行动。这场地震比20世纪80年代中期我在渥太华经历的那场要强烈得多，我还记得渥太华那场地震的晃动幅度能够使厨房水槽里的水洒到地板上。但这场地震比我朋友在东京经历的一场地震震感稍弱一些，据说那一次室外泳池里一半的水都泼溅到了外面。当时，我的大脑中充斥着随后会不会有海啸的担忧。震感不强说明地震的中心可能离我很远，即使如此，这家酒店随后也可能会遭到巨浪的冲击。不过，酒店里没有响起警报，走廊里也没有其他人。于是，我做了所有人都会做的事——查看谷歌。谷歌显示震级是6.4级，没有预测到海啸。我回到床上后很长一段时间都没有睡着。我想当地人估计已经习惯了每天遭受这样的灾害，而这场地震则成了我们这些到访者第二天早餐时热议的话题。

地壳运动中的构造力

我们现下所知的世界地理形态是用了大约 2 亿年才形成的，它今天仍处于不断的运动之中——印度尼西亚人非常清楚这一点。即使是小孩子也可以在一张标准的世界地图上观察到，欧洲、非洲的西海岸可以很好地与北美洲、南美洲的东海岸拼接在一起，它们曾经是一整块大陆板块，被科学家称为"泛大陆"（Pangaea），在 1.5 亿~2 亿年前的侏罗纪时期才开始分裂。

科学家认为，地球半熔融地幔深处的对流导致构成地壳的构造板块四处漂移。这种大陆漂移是一个极其缓慢的过程，每年可能只移动 10 厘米，但这一微小变化背后的巨大力量却是无法估量的。在 2 亿多年的时间里，随着亚欧大陆板块和非洲板块逐渐远离北美洲板块和南美洲板块，这种力量创造了大西洋。在接下来的 5 000 万年里，世界将继续发生变化，大西洋将在这种构造力的影响下进一步扩大，而澳大利亚则将进一步向北漂移到赤道附近。

两个构造板块相互挤压会引发值得特别关注的情况。大多数时候，板块之间的挤压不会引发重大事故。最著名的板块挤压边界或许就是圣安地列斯断层，它贯穿了整个加利福尼亚州，从旧金山附近的太平洋向美国内陆延伸，并向南朝棕榈泉市发展。沿着这条断层线，太平洋板块逐渐向北移动，而北美洲板块则向南漂移，两大板块的对向运动导致该地区几乎连续不断地发生中等强度的地震。这种有规律的构造运动（或称大陆漂移），伴随着不时发生的地震，形成了一种平衡。

然而，当两个板块碰到一起时，这种漂移就会停止，板块之间的压力开始逐渐累积。在某个时刻，当被压抑的力量累积得足够大时，两个板块就会彼此挣脱开来，向相反的方向快速移开，似乎要弥补过去一段时间未能漂移的遗憾。这一现象将会引发一场剧烈的地震，而给印度尼西亚苏拉威西省带来死亡和破坏的那场大地震就是典型的例子。① 人类面对自然威力几乎无能为力，只能试着理解或预测它们，并为之做好准备。

变化中的五种经济构造力

就像地壳运动中的构造力一样，经济构造力在释放时也可以爆发出惊人的力量。地壳构造力的运行以百万年为单位，而经济的自然构造力的运行以数十年为单位，这在人的一生中算是相当长的一段时间了。与地壳构造力一样，经济的自然构造力的运行基本上也是不可察觉的，并且很少呈线性运动。预测经济构造力产生的结果从来不是一件简单、机械的工作，即使一些经济学家的观点让它听起来似乎并不复杂。

许多粗心的观察者认为，经济运行就像操控一辆装配有大量部件和电子设备的汽车，尽管看起来复杂，但实际操作并非如此，因为只要你踩下油门，它就会向前移动。虽然引擎盖下发生了很多事情，但一切都是纯机械的，因此很容易预测，这就像你向系统输入的每一个指令都有一个相应的输出结果。

---

① 2018年9月28日，印度尼西亚中苏拉威西省发生7.5级地震并伴生海啸，造成至少2 000人丧生，约240万人受影响。灾区记录了超过400次余震，地震及海啸导致泥土松软，建筑物下陷，不少民众因惧怕房屋倒塌而拒绝返回家中，超过30万人流离失所。——译者注

但是，由于经济构造力处于动态变化中，经济运行潜在的复杂性往往会导致经济结果的不确定性。这意味着经济预测的结论应始终表示为概率——就像天气预报那样。预测经济就像驾驶一辆年久失修的汽车，它有可能会前进，但也有可能突然失灵，不受控制地向左或向右偏移。

经济运行中，各种要素之间的相互联系比汽车等机械的运行要复杂得多，因为虽然单个经济要素是个体行为的产物，却要作为一个整体来观察。有时，不同的经济构造力会相互放大，形成将经济推向同一个方向的合力，并产生令人震惊的巨大影响。有时，两种力量对经济的作用是相反的，其作用力会部分抵消，我们所能观察到的更多是两种作用力抵消后的经济结果。经济学家可能无法理解是什么使这些力量达到平衡的。但显而易见，持续的不平衡会导致压力累积，而这与构造板块相互挤压并被卡住的情况类似。如此强大的自然力量不可能永远被遏制。当达到某个临界点，累积的压力超过阻碍它们分离的摩擦力时，这些力量就将以暴力的方式回归平衡状态。在地质学上这种现象被称为"地震"，在经济学上则被称为"经济危机"。经济危机是经济不稳定的最终形式，是一种离群事件，在经济稳定和经济危机之间，不稳定性不断上升，未来的不确定性不断增加。

不过，考虑两个移动的板块之间潜在的、剧烈的相互作用是一回事，考虑对全球经济起作用的构造力则是另一回事。主要区别在于，经济构造力数量更多，它们之间的相互作用也更复杂、更难以预测。经济构造力不仅是一个有趣的理论问题，它还会实实在在地影响就业、储蓄以及房产价值。

本书考察了影响当今世界经济运行的五种长期构造力：人口老龄化、技术进步、日益加剧的收入不平等、债务增长和气候变化。这些力量在性质和范围上是全球性的，它们早在新冠疫情暴发之前就存在了，并将在疫情过去后很长时间内继续产生影响。在此意义上，它们非常类似于在地壳下运行着的构造力。

第一种经济构造力是人口老龄化。虽然全球人口老龄化已经是众所周知的事实，但它也可能是当今商业世界中最被低估的力量。由于人口老龄化是逐步发生的，这股力量不太可能对具体的商业计划产生实质性的影响。然而，70多年前，在第二次世界大战之后，世界人口出现了一次大规模膨胀。人口增长持续了大约20年，人口出生的高峰在1960年前后。这群人从20世纪70年代开始进入全球劳动力市场，由此引发的工人数量激增在20世纪80年代初达到顶峰。而到2010—2030年的窗口期，这批工人中的大多数会逐渐退出劳动力市场。现在，许多人的观念受到50年来劳动力供给情况的影响，但那时充足的劳动力供给是由"婴儿潮一代"驱动的，而现在随着他们进入退休阶段，劳动力供给情况正在发生逆转。

经济增长取决于两个要素：劳动力增加和生产力增长。因此，经济增长受到劳动力供给的制约。我们现在正在进入一个劳动力增长相对缓慢的时代，因此经济增长趋势也会放缓。纵观历史，在经历了50年"婴儿潮一代"带来的经济快速增长期后，目前经济运行正在向更正常的状况回归。这一基于历史的观察视角十分重要，因为对未来的预期通常取决于集体的历史经验。快速的人口老龄化意味着过去50年的经验难以对未来起到很好的指导作用。换言之，经济增长不会恢复到近50年的平均水平。相反，它将与一个更长历史时期内的平均值趋同，与"婴儿潮一代"的异常繁荣相比，未来的经济发展将显得萧条。

人口老龄化对利率也有影响。当经济处于稳定状态，没有任何压力或干扰时，经济增长率和平均利率水平之间会出现一种自然的关系。剔除通货膨胀的影响之后，两者在数值上会大致相当。例如，如果通胀率稳定在2%，利率为3%，那么实际（或者说通货膨胀调整后）利率为1%，经济增长率也在1%左右。当然，这些关系并不是在每一个时间点都完全成立的，因为现实永远不会像经济学教科书那样简单。不过在较长的时间维度里，它们是正确的，就像7月的渥太华，平均温度约为21℃，但任何一天的实际气温都可能与平均温度有很大不同。（我将在第二章更详细地解释利率。）

"婴儿潮一代"在从30多岁步入50多岁的过程中，推动了经济增长，也推高了实际利率。人们观察到的利率水平在20世纪70年代末和20世纪80年代初上升得更快，因为通胀率也在同时上升。劳动力供给和通胀率对利率的影响都在20世纪80年代初达到顶峰，从那之后利率便一直呈下降趋势。初期，利率的下降主要由于通胀率在下降，但在过去十年中，"婴儿潮一代"退出劳动力市场也成了重要的原因。

第二种经济构造力是技术进步，技术进步本身甚至比经济学更早出现。在五种经济构造力中，它是唯一的积极力量。有史以来，技术进步总是在经济运行的背后发挥作用，并能促进经济增长。人类文明不时就会开发出一种可以应用于所有经济部门的技术，这些技术对生产力产生深远的影响，并因在适用范围上的广泛性而被称为"通用技术"。发明通用技术的事件在经济史上非常重要，以至于它们被誉为工业革命，典型的例子如19世纪蒸汽机的广泛应用、20世纪初期电气化的发展和20世纪70年代中期计算机芯片的发明。

每一次技术飞跃都在生活质量、生产力和居民收入等方面为社会带来了巨大的好处。若干年来，经济增长超过了长期趋势增长率①，从而永久性地提高了国民收入水平。然而，每一次技术飞跃也会给很多个体带来困境。例如，企业必须适应技术进步，否则就将被淘汰，甚至是破产，而破产会对企业和员工造成破坏性的影响。许多工作岗位会永远消失，受影响的工人在进入新行业之前长期处于失业状态。19世纪中期的第一次工业革命之后出现了1873—1896年维多利亚时代的经济萧条。20世纪初的第二次工业革命之后出现了20世纪30年代的大萧条。到了20世纪80年代的第三次工业革命，决策者应对得更好了，但仍没能避免波及广泛的破坏和痛苦。在20世纪90年代初和21世纪初，虽然没有出现经济萧条，但出现了所谓的"失业式复苏"，即经济增长恢复，却几乎没有创造新的就业机会，失业情况仍没有好转。

　　了解过去工业革命的深层驱动力对于理解未来非常重要，因为我们正处于第四次工业革命的早期阶段。第四次工业革命的根源是经济数字化、人工智能的普及和生物技术的进步。到目前为止，我们只看到了这些技术飞跃产生的早期影响。我们在很多情境下都会跟人工智能打交道，例如给银行打电话时被接入智能语音，或者在浏览网页时被推送基于检索历史的定向广告。人们只花费了几个月的时间就研制出了针对新型冠状病毒的疫苗，而这正是生物技术领域的新方法在发挥作用。第四次工业革命将与前三次工业革命有许多共同之处。因此不管是决策者、企业还是个人，都可以从历史中学到很多东西，这有助于我们为未来做好准备。

　　第三种经济构造力是日益加剧的收入不平等。托马斯·皮凯蒂在

---

① 在经济学中，长期趋势增长率指经济在没有受到临时冲击或周期性波动影响的情况下可持续增长的速度。经济增长超过长期趋势增长率时称为"above trend growth"，表示经济发展处于高于正常水平的状态。——译者注

《21世纪资本论》中指出，在过去的几十年里，收入不平等作为一个社会问题时隐时现。在新冠疫情防控期间，它更是变成了头版新闻。从历史上看，收入不平等加剧的主要驱动力是技术进步，此外全球化也发挥了重要的支持作用。人们自然希望技术进步能够改善社会中每个人的命运；不过这一愿景即使最终能够实现，新技术带来的第一批收益往往也只会被少数有创造力的人瓜分。与此同时，因新技术或全球化而失业的人在找到新工作之前可能会面临长期失业。这种失业经历造成的伤痛可能会持续一生，受其影响的人可能很难得到和过去一样的收入。总之，技术变革将使个人的未来变得非常不确定。

随着时间的推移，那些因发明新技术而富有的企业和股东将会把自己新获取的收益投入整个经济运行体系，在各个部门中创造就业机会，造福整个社会。然而，很少有人认识到这种第二轮的积极经济影响是建立在第一轮技术对经济的破坏基础之上的，特别是建立在对最初被新技术取代的人群的打击之上的。

经济构造力不是在实验室或计算机模型中出现的，而是在由个人选择所塑造的现实世界中发生的，它们催生了恐惧、嫉妒、愤怒等情绪。因此，收入不平等的扩大和与技术转型伴生的工作岗位转变自然会成为政治问题。机会主义政客长期以来一直在利用民众的不满情绪，提出要追求更加公平、更加确定的未来。我在后面的章节会解释，这些政治主张很容易适得其反，不仅不能降低不确定性，反而会引发更大的经济不稳定性和不确定性。在维多利亚时代的经济萧条和20世纪30年代的大萧条中，收入不平等日益加剧并延长了人们的痛苦，在新冠疫情防控期间成为社会迫切关注的重点问题。

第四种经济构造力是债务增长，这一问题近年来引发了很多关注。"婴儿潮一代"处于借贷高峰阶段时，提高家庭债务总额实属正常。然而，在最年长的"婴儿潮一代"开始退休后，总体家庭债务水平仍在继续上升，因为他们的"千禧一代"子女进行了更多的借贷。利率下降也是导致家庭债务总额攀升的部分原因，这一因素使得家庭和企业更容易承受更高的债务负担。此外，银行贷款的条件放宽也是债务上涨的重要助推因素。与20世纪七八十年代相比，如今的家庭借贷要容易许多。在当年，一对年轻夫妇需要首先提交贷款申请，然后如坐针毡地等上几天才能等到银行的决定。银行的这种转变，就像从一家只提供固定菜品且上菜很慢的餐厅，变成了随取随用、提供信用自助餐的餐厅。

此外，私人部门债务上升是各国央行货币政策引发的副作用。央行的主要职能包括熨平经济波动以保持通胀率稳定。因此每当经济疲软时，央行就会下调利率以缓冲经济冲击，鼓励家庭和企业进行借贷和大宗采购，从而促进经济增长。这种机制还会帮助实力不足的企业在经济衰退中生存下来，尽量避免倒闭，从而最大限度地减少失业。在央行的救市举措下，家庭和企业的债务在每一个商业周期都会上升到新的高峰，而不是在艰难的衰退期被债务重组，进而被清除出经济系统。

然后是政府债务。在经济疲软时使用财政政策（增加政府支出或减税）来提振经济，意味着将产生财政赤字和增加政府借贷。至少在一代人的时间里，政府债务一直呈上升趋势。新冠疫情防控期间，政府的过度支出更将全球公共债务推高到了二战结束以来的最高水平——这是一股超速发展的力量。

第五种经济构造力是气候变化。迄今为止，气候变化在经济史上还没有发挥过核心作用，但它目前受到的关注最多。尽管尚未达成共识，但专家普遍认为气候变化会通过具体的极端天气事件导致经济和金融波动，比如引发洪水、频繁的热带风暴、干旱、野火和极地涡旋等。这些极端气候事件将造成居民流离失所甚至死亡、房屋和其他基础设施毁损，也可能以其他方式扰乱正常的生产生活和商业活动。这些气候事件会给政府财政带来压力，并且其影响可能通过保险公司和其他金融机构蔓延到整个金融市场。

对气候变化的日益关注促使许多政府转向环保政策，鼓励到2050年实现净零碳排放的经济转型，碳排放法规和碳税都是典型的例子。这些减少碳排放的愿景将面临政治挑战，但无论绿色转型的结局是完全成功、部分成功还是失败，这场被迫发生的能源转型都将成为未来新的经济波动来源。净零排放有许多可能的路径，每一条路径都会对每个国家的经济和政治产生不同的影响，每个国家可能需要为此做出的妥协让步也不同。对于个人和企业而言，这些都使得气候变化成为重要的不确定性来源。

其中，许多路径将导致化石燃料部门的工作岗位减少，化石燃料生产国收入减少。在某些情况下，主要的能源储备最终可能被闲置在地下，这将对能源企业和能源储备国的市场价值产生明显影响。这种波动还将直接传导到为能源企业提供贷款的银行，因为投资者会仔细寻找银行和企业之间的联系，并出售不符合新环境标准的企业和关联银行的股票。

总之，无论是采取自愿加监管的方案，还是通过征收碳税等强制方案，积极减少碳排放都将对经济和就业产生广泛的影响。这一方面将迫使企业投资于碳减排技术，直接提高企业成本；另一方面也会导致投资者回避高碳排放企业的证券，间接提高企业的借贷成本。对此，许多企业将通过能够同时减少碳足迹和劳动力需求的技术方案来加以应对。商业环境不会一成不变，这一点毫无疑问。

第一章　构造力

经济构造力间的相互作用导致不稳定性

上述五种经济构造力时刻都在变化,并可能同时达到压力临界点。像地理板块一样,经济构造力彼此碰撞、叠加,产生压力。发生经济和金融地震的风险会因此大幅上升,这显著增加了未来的不确定性。

经济构造力单独作用于经济时所产生的效果有序、易懂,甚至能够预测。例如,经济学家多年来一直在思考人口老龄化的影响,他们通过建立模型捕捉到了一些人口老龄化对经济的预期影响。大多数宏观经济模型假设所有的消费者都是一样的,因此只捕捉"平均"的消费者行为。虽然这显然有严重的局限性,但是经济模型只是为了粗略地接近事实,因此在经济学家建构可以理解和使用的模型时,简化假设至关重要。不过,也有更丰富的模型会考虑到工薪家庭和退休家庭之间消费行为的差异性,在将这两个群体结合起来预测消费者总支出前,先赋予两组家庭不同的相对权重。相较于仅基于一种"平均"家庭的模型,更丰富的模型可以更好地说明人口老龄化将如何导致经济增长放缓。

经济学模型是以统计学上的平均数为基础的。例如,一个常识是,当利率上升时家庭借贷增速就会放缓。但放缓多少、速度多快,答案则取决于其他情况,并因家庭而异。在宏观经济模型中,经济学家称之为"弹性"的单一数字概括了所有这些可能的结果。这一数值根据历史上(比如过去 10～20 年)的平均值计算得出。经济体的借款总额虽然对某次利率上升的实际反应可能与特定弹性数值不相符,但从长期平均情况来看则是相符的,与预计弹性对应的结果被认为是最可能的结果。经济学家需要承认经济模型的预测结果并不十分准确，也应充分提供一些关于不确定性的暗示。这些暗示可以是把预测结果像天气预报那样表示为概率，也可以表示为可能出现的结果范围。在后一种情况下，因果关系的不确定性越大，可能出现的经济结果的范围就越广。

以这种方式体现不确定性是适当的，但在实践中没有得到广泛运用。想象一下，如果一家媒体在报道中引用一位经济学家的观点，认为次年的利率可能在 1%～4%；而另一位经济学家则信心十足地提出次年的利率将会是 2.5%，那么第一个观点是诚实的，它向观众提供了包含相关不确定性的预测，并把不确定性留给了观众，而第二位经济学家则把不确定性内化，并直接向观众提供简单易懂的数字。不出所料，最常被新闻媒体引用的会是充满自信、观点简单的第二类经济学家的预测结果。人们本能地不喜欢不确定性，自信的专家则会让人们感到舒适。而且，即使次年的利率是 3%，即第一位经济学家的预测比第二位经济学家更精准，也很少有人还能够记得一年前他们的预测情况。这种现状是不幸的，因为第一类经济学家实际上可以帮助人们更好地了解在做出金融决策时所承担的风险，他提供的专业知识本可以引导人们做出不同的决定。第二类经济学家的观点虽然听起来更令人安心，但无论人们能否意识到，他的观点实际上使人们承担了更多风险。未来，更完善的家庭风险管理实践将要求自信的经济学家详细阐述自己的预测结果，并解释相关上行和下行风险。

对多种构造力的分析会使不确定性问题更加复杂。因果链条的每一个环节都蕴藏着不确定性，同时考虑来源不同的不确定性意味着经济预测可能产生的结果范围会变得更加广泛。此外，如果预测者试图对更遥远的未来进行展望，其所预测的可能出现的结果范围还会进一步扩大。

上述预测只是纸上谈兵，现实世界则更加复杂，因为作用于经济的多种构造力也会相互影响。经济学家将这些动态的相互影响称为"内生性"。在一个经济模型中追踪所有这些内生性的相互作用是极其困难的。一个模型越是复杂和贴近现实，其统计学意义上的不确定性就越是难以观测。事实上，我的观点是，当多种长期力量随着时间的推移共同作用于经济并相互影响时，经济本身就可能表现得不规律、看起来不稳定，甚至可能引发经济危机。这种情况下，模型的预测将变得不可靠，甚至可能根本没有价值。

我的观点源自数学上的混沌理论。顾名思义，这一数学理论是指当被人们充分了解的动态过程相互作用时，它们经常会产生非常不稳定的预测结论，以至于本质上来说是混乱的。日常生活中一个简单的例子是喷气式飞机在晴朗的天空巡航时，可能因为机翼曲率与空气阻力的相互作用而遭遇到无法解释的湍急气流。机翼曲率对于飞行所需的升力至关重要，但它与空气中的阻力相互作用，会对飞机的性能造成一些微小的随机性影响，而这是不可能事先预测到的。

医学方面的类似情况是，病人身患的疾病早已得到充分研究，但却与另一种公认可控的潜伏病症发生了相互作用，结果导致病人意外死亡。例如，一个患有创伤后应激障碍的人突然死于心力衰竭。这一不幸的结果似乎很难在现代医学框架下得到解释，除非我们认为影响健康的多种力量之间发生了复杂的相互作用，而这些相互作用也是我们无法理解或通过建模预测的。

就经济而言，即使我们了解了每一种影响经济前景的力量，它们的相互作用也可能产生难以理解的结果，因此这在数学意义上是混沌的。

这种推理过程为"黑天鹅"事件提供了另一种解释。"黑天鹅"事件是纳西姆·尼古拉斯·塔勒布推广的一个术语，他引用的例子包括互联网的兴起和"9·11"恐怖袭击事件。在当时，这些都是出乎意料并能改变时局的重大事件。当经济学家宣称经济或金融事件（如2008年全球金融危机）是"黑天鹅"事件时，他们主要是在免除自己没有预见它的责任。正如塔勒布所指出的，并非所有的"黑天鹅"都不可预见，即使是2008年的金融危机也在一定程度上是可预见的。然而，一旦事件发生，它就会从不可想象的事件转变为可能重复发生的事件，并且很自然地获得发生的合理化原因。毕竟，人们在事后为未预见的事件提供合理化解释时，有无限的发挥空间。

我在这本书中提出的新解释是，有时经济运行会抛出经济危机等一些看起来完全随机的事件，这是由多种经济构造力在经济运行表面之下以不寻常的方式相互作用而引发的。危机发生后，我们确实可以更好地理解它们，但这并不能使它们变得可预测。

为了说明这一点，可以思考一下圣安地列斯断层沿线的构造板块，它们一直在运动，因此地震是不可避免的。预测到"总有一天"这里会发生一场不可避免的大地震对人们来说并没有很大的帮助。然而，一项预测如果能够准确提供地震的震级和发生的时间，那就会成为有价值的风险管理指南。这样的预测将成为有效的警告，提醒人们，无论风险何时发生，他们现在都要做好应对风险的准备。如果足够幸运，只是在一周内经历了两次小地震，而没有遭遇一次毁灭性的大地震，那么我们所采取的风险管理措施就不白费。

类似地，在经济学中，理解引发"黑天鹅"事件的潜在力量也能指导我们进行风险管理，因为事件本身就是可能发生的情况。这也是为什么即使在预计不会遭遇湍急气流时，航空公司仍建议你一直在座

第一章　构造力

位上系好安全带,这是为了在遭遇突发气流时降低乘客受伤的概率,经验表明这是可行的。

我将证明,理解这五种经济构造力可以更完整地解释经济和金融危机,如19世纪末的维多利亚大萧条、20世纪30年代的大萧条、1997年的亚洲金融危机和2008年的全球金融危机。虽然学者对这些事件进行过广泛的研究,但经济构造力所起的作用却很少受到关注。相反,目前的研究重点是经济危机更直接的触发因素,如由金融杠杆和股市崩溃引发的过度投机。许多人都有这样的印象:20世纪30年代的大萧条是由1929年的股市崩盘引起的。我将指出,更令人信服的说法是20世纪20年代的技术进步导致了就业机会锐减、收入不平等加剧和物价下跌,而物价下跌与高负债率相互作用使得经济陷入了深度长期低迷。

有了这些从过去经济危机中吸取的经验教训,我将提出,经济构造力将在未来引发更多的不确定性,企业及其雇员需要寻找管理不确定性的方法,以维系生存并图谋发展。

新冠疫情:对经济韧性的考验

当新冠疫情席卷全球时,其他因素都显得不那么紧迫了。这场大流行是严重的自然灾害,它摧毁了旅游业、娱乐业、餐饮业、航空业和各种规模的零售业。它改变了人们的工作安排、购物偏好和教育预期。这些消费行为的变化将对社会结构产生永久性影响,这场经历将在人们心中留下创伤,影响几代人的经济观念。正如20世纪30年代的大萧条影响了老一辈人余生的认知和行为一样,新冠疫情也会影响我们以及我们子孙后代的认知与行为。

疫情刚暴发的那几个星期，到处都是一片混乱，我在第八章中对此有详细的描述。金融市场承受了相当大的压力。投资者卖掉了几乎所有的资产以筹集现金，企业动用了所有可动用的流动资金。央行部署了所有可用的政策工具以确保金融市场继续运转，例如将利率降至零、向金融机构提供无限量贷款、直接购买政府债券等。全球银行系统很好地经受住了本次疫情考验，这证明了在全球金融危机之后银行业所进行的改革是有效的。各国政府为个体提供了广泛的支持，通过直接发放现金和工资补贴的方式，帮助维持雇主和雇员之间的雇佣关系。

值得注意的是，新冠疫情暴发时，五种经济构造力已经在发挥作用了。一段时间以来，经济和金融波动性一直在攀升，而大流行进一步加剧了这种波动性。人们自然会期待一个更平静的后疫情时代，但经济构造力仍在发挥作用，其中一些作用因新冠疫情而加速。政府债务急剧增加，新技术的部署正在加快，工厂正在利用自动化减少对工人的需求，更多服务在人工智能的帮助下得以远程交付，网络购物正在由非常规变为常态。在新冠疫情结束之后，衡量收入不平等的指标恶化，因为疫情主要影响了服务部门的低收入工人，且对女性的影响最大。就连气候变化的应对措施也在被加快部署，因为各国政府正致力于以更环保的方式重建经济，投资者也要求企业采取更环保的商业模式。

在后疫情时代的经济环境中谋生存本就十分困难，五种经济构造力将共同在未来造成更大的经济波动。即使在疫情过去很久之后，这种经济构造力间的相互作用依然会给个人和企业带来极大的不确定性。雇主和雇员都将期待政府保护他们免受日益严峻的经济和金融风险的打击。

更高的风险势必在某处落地

就像海洋上暴风雨引起的浪潮，增加的波动性也必将在某个地方着陆。它会在经济增长、失业率、通货膨胀和利率等几个关键指标中表现出来。当下的经济基础正在发生变化，在未来的几十年里，我们认为不会改变的生活方式将发生变化，甚至会变化得很快。我们在传统认知下的工作和学习、借贷和支出、规划和创新，都会处于变革的风口浪尖。企业在我们的生活中可能会扮演更重要的角色，而政府的社会保障网络也将被重新定位，而且很可能会被反复重新定位。

经济学不只是董事会和智库专家研究的事情，它还是影响我们日常生活的事情，我们所有的决定都涉及经济。改变经济基础你就能改变一切。

第二章

人口老龄化

追忆：1959年，奥沙瓦

在幼时的记忆里，我生活在奥沙瓦北部的格里森街，我父母的第一处住所就位于那里。那是一个朴实无华的蓝领街区，而周边的其他许多街区明显更不富裕。

我父亲是一家汽车零部件公司的模具制造工人。他的工作是使用一台类似刨槽机的专业机器将超硬钢切割成模具。生产出的模具会被固定在一台机器上，冲压出数千个相同的汽车零件。父亲告诉我，那是一项精密操作，测量精度为千分之一英寸[①]，因为冲压件需要被完美地组装在一起才能应用于汽车。我母亲是一名家庭主妇，但在我童年的不同时期，通常是经济紧张时期，她也做过办公室的工作。

在我的记忆中，那是在1959年我大约四岁时，因为我记得事情发生在1959年2月加拿大政府取消阿弗罗公司"银箭"号超声速喷气式战斗机项目之后。那时我父亲正在一家航空航天零部件公司上

[①] 1英寸约合2.54厘米。——编者注

班，政府的决策使他失去了工作。

我记得那天晚上有很多叔叔阿姨到访，一起来的还有我的外祖父母。他们围坐在房间四周的各种休闲椅、厨房椅子，还有窗边那张森绿色沙发上。房间的一边有一棵圣诞树，下面零星放着几个礼物。房间里萦绕着烟雾，几乎每个人都在抽烟。我父亲使劲地抽着烟，烟头的光点忽明忽暗。我母亲在房间的另一边，她在笑着，但手里也拿着烟。"怎么了，斯蒂夫科？"我外祖父喊的是我出生时他给我起的小名，可能是因为他自己已经占有了"史蒂维"这个名字。①

我的父母成长在 20 世纪 30 年代的大萧条时期，他们在 20 世纪 40 年代末相遇并结婚。虽然那时我父亲因为年龄太小，没有参加二战，但我是战后的"婴儿潮一代"。本章对人口统计学的讨论，将说明"婴儿潮一代"在经济史中的重要性。1945—1964 年出生人口激增，促进了 20 世纪 60—80 年代的劳动力供给增长，而这批人在 2010—2030 年又大规模地退出劳动力市场。

这一群体在餐桌上养成的重要经济行为习惯还会影响到未来。我听过很多在大萧条中挣扎求存的故事，这些故事常常以这句话开头："你觉得你的生活很艰难是吗？让我告诉你我年轻的时候……"我母亲告诉我，她曾将空的食品盒做成鞋垫，以延长她那破鞋子的使用寿命。我父亲的高中成绩足够考上大学，但却无力支付学费。自 20 世纪 40 年代末起，他就在祖父位于西姆科街的家门口的修鞋店里做学徒，学习工具和模具制造。当时，借贷总是被视为一个家庭的不幸事

---

① 史蒂维（Stevie）是斯蒂芬（Stephen）的小名，但也可以独立作为名字，类似地如凯茜（Cathy）是凯瑟琳（Catherine）的小名，比尔（Bill）是威廉（William）的小名。传统上斯蒂芬的小名是史蒂维，但作者的外祖父就叫史蒂维，所以为孙子另起了"斯蒂夫科"（Stephco）的小名。——译者注

件。如果为了买房或买车而必须借贷，人们会尽快还清债务，并在付清最后一期贷款当夜邀请朋友喝酒和聚餐。这种对借贷的消极态度代代相传，影响着后代对借贷的态度，这类似于怀孕期间吸烟，并在充满二手烟的环境中养育孩子，会对孩子的健康产生深远影响。

经济学家经常开玩笑说，人口结构很容易理解和预测，因为我们有理由相信，一年后我们都会老一岁。哈哈，此言不虚。

除了反映出许多经济学家有限的幽默感，以及说明他们喜欢开一些外行很难欣赏的内部玩笑，这套论调并没有充分说明人口趋势对消费支出、储蓄、利率和经济增长的影响。经济模型通常忽略人口统计数据，因为在许多人所关注的短期前景内（比如几个季度或至多两年），人口统计数据可以被视为一个常数。但对于将持续十年或更长时间的投资（在资源开采行业可能长达50年），了解人口统计数据可能是评估其现值的关键。

但无论关乎一家企业或个人的时间期限有多长，经济增长和利率的前景总是至关重要的。大多数预测者认为，人口统计数据是影响经济增长回归趋势的一个关键因素。即使对专注于短期业务的企业来说，人口因素也会对业务前景产生重要影响。

潜在经济增长趋势

经济增长有两个来源：工人数量的增加以及每个工人的产出增长，后者被称为"劳动生产率增长"。在一个人口恒定的经济体中（即每年的出生人数刚好足以抵消死亡人数，而且没有移民人口），经济增长将仅取决于劳动生产率的增长。劳动生产率由生产技术驱动，生产技术是一个通用术语，提升生产技术的方式包括使用机械替代人工、用效率更高的新机器替换旧机器、加强对工厂车间的组织管理以消除瓶颈、通过培训提高工人的技能部署全新的生产技术。

可用工人的数量受到人口增长的限制。尽管有可能通过一些政策改变（例如，提供享有补贴的学龄前儿童日托服务）来使更多人进入劳动力市场，但在缺乏结构性变化的情况下，可用工人数量的变化基本上与人口增长保持一致。通过出生率、死亡率和移民率可以对人口增长进行相对简单的预测。

劳动生产率增长则要复杂得多，因为它取决于技术进步及其应用部署，而这些从来都不是一蹴而就的。鉴于这种复杂性，经济学家通常根据最近的历史趋势推断未来的劳动生产率增长，但这明显是一种假设而非预测。发达经济体劳动生产率增长的典型趋势为每年约1%，新兴经济体则更高，它们正通过引进先进经济体的技术而迎头赶上。

因此，人口增长1%、劳动生产率增长1%的经济体将呈现约2%的经济增长趋势。这种经济增长趋势通常被称为"潜在经济增长"。在正常时期，它代表了可持续经济增长的上限。如果经济增长超过这一水平，往往会出现通货膨胀压力；如果它的增长低于这一水平，通胀率则有可能下降。

因为总是受到干扰因素的冲击，经济运行并非完全按照这条趋势线进行，而是会呈现出围绕这条趋势线上下波动的经济周期态势。例如，假设中东一个主要石油生产设施遭遇恐怖袭击，石油价格就会突然上涨。石油进口国的经济增速将放缓或呈现下降趋势，而石油出口国的经济则将加速增长。但在这场动荡结束后，经济将回到由人口和劳动生产率增长驱动的原本的增长趋势线上。

经济在受到干扰后会自然地回归"潜在经济增长"的平均状态，

有时政府或央行的政策还可以使其更快恢复正常。这是一种经济处于平衡的状态，因此经济学家将其称为"均衡"或"稳定状态"。虽然经济总是受到各种干扰因素的冲击，导致我们几乎无法在稳定状态下观察它，但这个理论仍然很有意义，因为它描述了经济遭到干扰后存在回归原本的倾向，这就像不倒翁总是会回到静止状态一样。因此，这是一个描述经济在较长期间（比如5～10年）内平均状态的实用概念。

这种对经济稳定状态的描述主要基于全球人口增长的背景，不过在我成年后的大部分时间里，全球人口增速一直在放缓。随着世界年龄版图中占主导地位的"婴儿潮一代"的衰老，全球人口正在稳步进入老龄化。此外，受益于更好的饮食、更低的吸烟率和更好的医疗保健条件，人们的寿命也在延长。因此，65岁及以上人口在世界总人口中所占的比例一直在上升。联合国预测，老年人口占比的增速还将继续加快，从今天的不到10%上升到2050年的近15%。

虽然人口老龄化是一个全球现象，但它在全球不同地区处于不同的阶段。现今，日本和大部分西欧国家人口老龄化现象最为严重，25%以上的人口年龄超过65岁。加拿大、美国、中欧、俄罗斯、澳大利亚和新西兰等国家和地区的老龄化速度比日本和西欧国家晚上几年，而中国也只是稍微慢于加拿大等国家。最年轻的人口群体位于拉丁美洲、非洲和中东地区。无论如何，全球都会受到老龄化趋势的影响。

全球人口增长在20世纪60年代中期达到高峰，增长率约为每年2%，此后一直稳步下降。全球人口增长率目前约为每年1%，预计到2050年将降至每年0.5%左右，到2100年则可能接近于0。这将使全球人口从20世纪50年代的30亿增加到100亿，甚至是120亿。

"婴儿潮一代",即 1945—1964 年出生的这代人,目前的年龄在 55～75 岁。即使人们因为健康状况更好、寿命更长而可以在劳动力市场服务更长时间,在未来的 10～20 年,全球劳动力增长速度仍将显著放缓。

这些数字一般不会令人们感到惊讶,因为大家普遍对"婴儿潮"现象有所感知,但其对经济的影响却并没有被公众充分了解。由于经济增长主要由人口增长推动,全球的经济增速在过去十年中一直在减缓,并且在今后 50 年中仍将继续减缓。总有一天,人口增长会完全停止,技术进步将成为世界经济增长的唯一源泉。

"回归增长"的概念深深根植于我们的集体记忆。在我们成长的时代里,人口的高速增长为 2% 的经济增长率提供了充足的动力,因此我们不会满足于 1% 的经济增速。但是我们的孩子将面临 0.5% 的经济增速,我们的子孙后代将面临进一步的增速放缓。对于经历过此前 50 年经济繁荣期的人来说,这一逐渐放缓的趋势无疑是难以接受的,因为他们已经习惯于经济稳步增长,并认为这是一种长期趋势。许多人认为,过去几年中经济增速稍显落后是对高增长趋势的悖反,这种经济疲软是暂时性的或者说是可以修复的。但不幸的是,这种观点只能说是部分正确的。

综上所述,经济将恢复正常,只不过所谓的"正常"正在被人口老龄化的现实重新定义。

经济增长主要是由人口驱动的

全球人口统计数据和各个国家的具体情况可能会存在很大差异。例如在加拿大,随着"婴儿潮一代"退休,本土劳动力增长将在 21

世纪20年代的某个时候归零。因此，加拿大有可能将会走上日本二三十年前的老路。20世纪80年代，日本还是一个强大的经济体；20世纪90年代，日本经济在人口老龄化和低移民率的共同作用下增速放缓。21世纪前十年，日本出台了鼓励女性更多参与劳动的政策，随着劳动力供给的增加，日本经济增长再次加速。

加拿大曾通过一项广受欢迎的移民政策避免了类似情况，该政策旨在促进每年约1%的人口增长，从而为经济增长奠定了基础。即使如此，如果移民数量保持不变，加拿大的人口老龄化仍将导致未来几年经济增长放缓。近期，加拿大正在更加积极地推进其吸引移民的计划，如果加拿大仍能保持移民输入国地位，也许就能够避免全球经济增长放缓的大部分影响。换言之，接收更多的移民不仅是加拿大在帮世界解决麻烦，也是世界在帮加拿大渡过难关。

重新优化全球人口分布也可以促进全球经济增长。在一个拥有更多机械和设备、更好社会安全网络、更多基础设施的社会中，有才华且勤奋的人应该为全球产出做出更大的贡献，而不是在欠发达的糟糕环境中艰难求生。

关键在于，人口增速放缓不应被视为某种世界末日般的情景。通过鼓励女性和老年人参与劳动，我们可以创造更多的劳动力供给，借此抵消或至少延迟人口增速下降对经济的消极影响。发展中国家可以通过结构性改革显著提高劳动参与率。不过，这些应对措施无法改变人口因素对长期经济增长率的影响。

当然，仅仅拥有更多的人口并不意味着可以自动获取更多的财富。有些贫穷的国家一直不缺少公民，但经济体想要充分利用其劳动力资源，还需要依赖劳动力技能水平的发展和机械、基础设施等方面的资本投资，这些因素共同促成了劳动生产率的提高。劳动生产率是

（单位时间内）每个工人的产出量，也是上文所述的经济增长的另一个来源。在大多数经济体中，劳动生产率提高就像涨潮一样平稳而温和地为经济增长提供稳定的增量。偶尔也会出现重大的技术变革在一段时间内推动各领域的劳动生产率提高的情况，这一现象将在下一章中进行详细分析。

我们一生中最惊人的经济增长例子不是由技术驱动的，而是由政府政策的转变驱动的。在中国，过去30多年的经济奇迹主要是由土地所有制改革推动的。中国经济从一系列以户为单位的家庭农场转变为大规模商业化农业。在家庭农场时期，每户家庭的产量仅够养家糊口。而改革后，大型企业则有能力购买农业机械并投资专业化的农作物生产，从而可以促进生产力提升和经济增长。与此同时，很多家庭从农村搬到了城市，中国劳动力供给大幅扩张。在中国融入世界贸易体系的过程中，扩张的劳动力规模推动制造业和服务业实现了大幅增长。剩下的，如人们所说的，就是历史了，而我们正在亲历这一历史。

尽管如此，任何经济体都不可能维持中国经济腾飞期的迅猛增长，因为没有任何国家的经济增速可以永远维持在10%。近年来，中国经济增速一直处于下降趋势。随着改革进程步入成熟期，增速放缓是必经过程。但无论经济增长率如何下降，中国当下的收入水平总会远高于改革开放政策推动其进入全球市场之前的水平。最终，当中国人的生活水平接近其他主要经济体的水平时，中国的经济增长率也会逐渐放缓，变得和今天其他的主要经济体相仿。

这种发展中经济体经济增速放缓的过程已经发生过许多次了。例如，1960—1990年日本就曾亲历。当时，日本从其他国家的技术进步中受益，并通过从零开始建设经济，实现了经济发展的真正飞跃。

随着日本大举进军汽车业、电视制造业等北美国家的传统优势领域，西方社会开始担心有一天日本可能会取代北美。1993年由肖恩·康纳利主演的电影《旭日追凶》就印证了这种恐惧情绪。

今天我们知道这种担忧是多余的，但日本未能取代北美经济的根本原因还没有被充分了解。如前文所述，第一个原因是人口统计学因素。第二个原因是经济体的稳定增长率也取决于其所处的发展阶段。技术进步像新鲜空气那样在世界各地传播。创意可以申请专利，甚至从地缘政治的角度讲可以被留存，但仍然很容易被逆向工程破解或被复制、抄袭。技术领先者就像一群排成"人"字队形的加拿大雁中的领头雁，为后来者迎风开辟了道路。

随着时间的推移，落后的经济体可以通过引进或复制技术领先者的技术创意来填补技术鸿沟，从而缩小人均收入上的差距。当然，想要成为领头雁，还需要在技术和研发上争取领导地位，而这难得多。韩国目前正在复制日本20世纪60—90年代的经济发展（及其后续放缓）道路，而且并非巧合的是，这两国的产品也有很多重合，如汽车和电子产品等。

读者或许会觉得讽刺，因为世界的"领头加拿大雁"实际上是美国，但我认为这个比喻很生动形象，因为加拿大人并没有"垄断"加拿大雁，我在美国加州的高尔夫球场上也经常会看到它们。

综上，经济增长趋势主要是由人口增长驱动的，无论是本国人口增长还是移民增长。劳动生产率提升通常是经济增长的次要因素，但随着人口老龄化，它将成为主要驱动力。随着"婴儿潮一代"步入老年阶段，世界人口增速正在逐渐放缓，如果劳动生产率没有持续的、新的增长点，在可预见的将来，全球经济增速可能会保持下降趋势。

人口趋势也会影响利率

人口趋势也会影响利率。当经济相对稳定，在不受压力或干扰的情况下，经济增长率与平均利率水平之间存在一定的自然关系。剔除通货膨胀因素后，两者大致相等。这直接意味着，如果预计未来几年全球经济增长趋势下降，那么利率也将下降。

对这种关系的解释并不复杂。我们观察到的利率由两个部分组成：通胀率和减掉通胀率的基础利率（或称实际利率）。在通胀率稳定在2%、利率为3%的情况下，实际利率即减掉通胀率后的利率为1%。当经济受到干扰时，实际利率可能会出现波动，但在波动之后会向经济学家所说的"自然利率"回归，就像不倒翁那样回归平衡。这种利率通过维持储蓄和借贷之间的平衡来稳定整个经济体系。

假设家庭是储蓄者，企业是借贷者。当利率高时，家庭储蓄会更多，为企业借贷提供了更多资金，但因为利率高，企业的借贷也会减少。高储蓄和低借贷的结合会导致利率下降，利率下降后，对储蓄的吸引力就会降低，对借贷的吸引力就会提升。随着越来越多的人借款，可供出借的储蓄越来越少，利率又会自然回升。在一切条件相同的情况下，储蓄和借贷会达到平衡。

企业通过借贷来扩大业务规模，这直接有助于加快经济增长。因此，当实际利率低于自然利率时，借贷和投资就会增加，从而促进经济增长。然而，较低的利率将导致较少的储蓄，这意味着可用于借款的资金减少，因此利率将回升，借贷和投资将减少，储蓄和借贷恢复平衡，经济增长速度将恢复正常状态。在这种平衡状态下，经济增长和自然利率会保持一致。此处再次强调，考虑到经济总是由于种种原因发生波动,因而这种一致性并不能时刻体现,而更多是在较长时间内的平均情况。

自然利率是不能直接观察到的,但经济学家有估算其数值的方法。我们在市场上观察到的利率包括"溢价"。例如,如果想要申请抵押贷款,可能需要支付实际利率加上2%的通胀率;但如果需要的借贷期限为五年而非一年,就需要额外支付1%的利率,因为出借人希望避免因利率上升而遭受损失。如果企业希望发行五年期的债券,它也要支付同样的溢价。此外,考虑到企业存在贷款违约的风险,还需支付额外的风险溢价,风险溢价的多少则取决于企业的信用评级。

20世纪70—90年代,"婴儿潮一代"正处于30~50岁,他们参与劳动力市场,促进了经济增长。因为"婴儿潮一代"正处于人生的借贷高峰期,所以自然利率和实际利率也被推高。20世纪70年代末和80年代初,人们观察到的利率上升得更高,因为同期的通胀率也在上升。20世纪80年代初,利率上行压力的两个来源(即自然利率和通胀率)达到顶峰,此后利率一直呈下降趋势。

起初,出现利率下降趋势主要是因为通胀率的下降,但在过去十年中,"婴儿潮一代"的老龄化是致使利率保持在下降趋势的主要原因。老年人在临近退休时倾向于增加储蓄,而由此带来的更多储蓄,意味着有更多资本可出借给企业用于投资。与此同时,企业则因整体经济增长放缓而倾向于减少投资,因为经济增长放缓会降低可能的投资回报率。稳态利率(也被称为自然利率、中性利率、r^*)会随着经济增长趋势的下降而下降。

过去二三十年里的利率下降,大部分都是经济的自然规律在起作用。事实上,在过去的150年里,低实际利率一直是常态,而非意外。在19世纪下半叶的近40年,以及一战后到20世纪60年代中期,长期名义利率（未剔除通胀率的利率）一直低于5%。"婴儿潮一代"进入劳动力市场推动了经济发展和实际利率增长，而20世纪70年代世纪大通胀的爆发，进一步促进了名义利率的上涨。

这意味着，我这个年龄段的人倾向于认为高利率是正常的，但我这个年龄段的人的历史经验主要基于当时的人口情况和通货膨胀情况。我们的下一代正在迅速了解到，低利率才是常态。我们正在回到一个类似于20世纪50年代到60年代初的时代，利率正在恢复"正常"。

过去20年来影响利率的另一个因素是金融中介机构，即银行业的创新和竞争力。从本质上讲，利息就是不耐心的代价，它是人们当下就购买东西（而不是等存够钱后再购买）所需支付的额外费用。在20世纪六七十年代，当借贷能力可以被人为控制时，消费者准备支付更高的利率来满足他们当前的需求，而不是先储蓄，等有足够的钱后再消费。然而在那之后，银行和其他金融中介机构的借款程序已经从保守的、家长式的、高度受约束的系统，演变为一个基本由家庭自主管理的自助信贷体系。这种转变的原因在于，金融中介机构之间的竞争加剧，并且技术进步使金融中介机构能够更有效地管理信用风险。人们不耐心的超前消费似乎不再像过去那样受到实际利率的制约。

让我们把这些概念转化适用到可观测的现实世界。如果经过通货膨胀调整的经济增长率为1%，通胀率为2%，那么名义（或可观察的）经济增长率将为3%。平均来说，企业会有3%的收入增长，政府也会有3%的税收增长。如果稳态实际利率为1%，那么我们支付的利率（即所谓的名义利率）将会是3%（即1%的实际经济增长率加上2%的通胀率）。长期借贷的利率将更高，高风险借款人则需要在前述利率的基础上额外支付风险溢价。在现实世界中，我们观察到的利率十分复杂。

即使如此，这些复杂的利率还是被自然利率这个共同因素联系在了一起。在这些利率的背后，是自然利率与经济增长、人口增长、劳动生产率和通货膨胀之间的自然联系。从短期来看，这些因素会出于多种原因而独立发生波动，因此对于粗心的观察者来说，它们之间的长期联系可能并不十分明显。但它们是相互绑定的，就像一群参加学校旅行的孩子，被一连串6英尺①长的绳子连接在一起。这些"孩子"中最重要的是人口增长率，因为它已经开始阻碍整个群体的发展，并且在可预见的未来仍将持续起到这种消极作用。

全球经济增长趋势不会恢复到历史平均水平。事实上，在未来的10~20年，经济增速会在艰难发展中进一步放缓。在可预见的未来，作为利率体系之锚的自然利率也将维持在较低水平。全球劳动生产率增长将呈下降趋势，劳动力可能供不应求，这一问题在实施限制移民政策的经济体中表现得最为突出。面对人口老龄化问题的国家可能需要相互竞争，以吸引移民填补劳动力缺口。与此同时，不断增加的老年人口将对医疗系统提出更高要求，这种要求包括紧急诊疗和辅助生活等，政府财政也将因此遭遇压力。

单个国家或许可以通过增加移民来推迟不可避免的经济增速放缓，但作为整体的世界经济却无法这样做。此种情况下，技术进步会成为持续提高人民生活水平和推动全球经济增长的最佳方式。

---

① 1英尺约合30.48厘米。——编者注

第三章

技术进步

追忆：1966年，《星际迷航》

技术进步一直都在发生，通常进步的幅度很小，看起来并不起眼，至少对科幻迷而言如此。1966年，我11岁时第一次对科幻产生兴趣，那时《星际迷航》第一次在电视上播出。它真的让我大开眼界，剧集中的人物在极速旅行中与不同地方的人进行交流，使用手持设备即可进行通信和体检，还在今天我们称为"平板电脑"的东西上阅读报告。50年后，《星际迷航》里的不少东西似乎仍然看起来稀奇古怪，但有一部分已被证实是相当有预见性的。

1961年，我弟弟出生时，我们从奥沙瓦搬到了附近的米切尔角，那里是一个农村社区。在接下来的几年里，我们家都过着典型的农村生活。然后又这样度过了1966—1967年的秋冬，后来我才知道那对我们一家来说是非常困难的时期。父母并没有在我们面前谈论太多，但我知道我们在挣扎度日。父亲所在的公司负责生产的工人发动了一场为期一年的罢工，因为他们的工作任务将被自动化所取代。他们的工作是站在一台巨大的压力机前插入一块钢板，然后踏下压力机的启动装置。固定模具的压力机会坠下,将钢板轧成汽车零件;工人取出新成型的零件,将其堆放在滚动推车中,然后循环往复。这些工作显然可能会被自动化所取代,尤其是考虑到安全问题。有好多次,父亲回家时都会讲公司的某个工人失去了一根手指,或发生了更糟的情况。这场罢工最终使父亲所在的公司破产了。

在那段时期,父亲做了很多零工,包括为农民摘苹果。最终,他在另一家汽车零部件供应商那里找到了一份制造模具的工作,重新开始挣钱。但事实证明,经年累月下来,我们承担的经济压力太大了,于是在1967年夏天,我父母卖掉了他们梦想中的房子,搬回了奥沙瓦,与我的外祖父母住在一起。

外祖父母的房子是魁北克街上的一栋战时小房子,位于小镇的南端,是政府于20世纪40年代建成,用于安置归国的退伍军人及其家人的。我的外祖父是第二次世界大战的老兵,据家里人说,他曾经和詹姆斯·杜汉[①]一起在欧洲的一支炮兵部队服役。20年过去了,杜汉依旧在扮演《星际迷航》系列中星舰"进取号"的首席工程师蒙哥马利·斯科特。这让我对《星际迷航》的喜爱更多了一层理由。

房子的顶层有两间卧室,天花板是倾斜的,主楼层有两个房间,一个浴室,客厅里的燃煤炉子是唯一的热源。房子后面有一个堆满煤的棚屋,可以从后门进入棚屋。年少时的我一直很难想象,20世纪四五十年代时我的外祖父母是如何在那个家里抚养五个孩子的。

但很快我就发现了他们如何能做到这一点。我们搬来后,我的外祖父母搬进了这栋房子的二楼,我父亲在那里为他们改造了一间小浴室,其中一间卧室变成了厨房和一个小起居室,另一间卧室则归我的

---

① 加拿大知名演员。——译者注

外祖母，而我的外祖父每天晚上都睡在沙发上。我们一家住在一楼，我心灵手巧的父亲在后面改造了一个新房间。由于房子没有地下室，煤炉被一个燃气炉所取代。如今，我也是做父母与祖父母的人了，可我依然对我外祖父母的这种慷慨感到佩服。

那时候，我在奥沙瓦一个人都不认识，只能焦急地等着去上八年级。所幸，我找到了麦克劳克林公共图书馆，这个图书馆以通用汽车公司创始合伙人R.S.麦克劳克林上校的名字命名。我在图书馆里发现了一个专门放置科幻小说的书架，上面有阿西莫夫、布拉德伯里、克拉克、海因莱因、赫伯特等人的作品。那年夏天，我读完了整整一书架的书。一年后，我怀着敬畏的心情观看了第一次登月的报道，科幻小说照进现实。

我认为，当谈到技术进步及其对整个社会前景的影响时，接触科幻小说的经历让我一直保持着乐观的态度。然而，导致我父亲失业长达一年的根本原因是自动化的推进，这对我们和我的外祖父母而言都是重大的挫折。虽然我们还有栖身之所，但那里非常拥挤。我们失去了梦想中的家，没有存款来支付我或哥哥的大学教育费用。这些伤疤都是真实存在的。

经济学与人类历史

经济的专业化过程始于人类出现的数千年之后，在此期间人类处于狩猎、采集阶段，每天无所事事。后来，人们发现，只要一直待在一个地方，就可以种植自己的食物、饲养自己的动物，这一发现是一项结构性的创新。

也就是说，农业是我们的第一项技术创新。虽然一开始农业还属于一种以家庭为导向的生计，但随着时间的推移，人们发现了专业化工作和与他人交易自己生产的产品所带来的经济效益。一些人种植植物，另一些人饲养动物，还有一些人狩猎，每种专一方式的产出都比他们试图同时做各种事情时要多。他们互相交易，从而获得稳定的食物种类。

最终，这个系统变得足够好，在满足了温饱之后，手中还有盈余，即额外的产出物或剩余货币。这使得我们这个物种有能力去创造文化、政府、军队和其他定义现代人类的东西。贾雷德·戴蒙德在《枪炮、病菌与钢铁：人类社会的命运》一书中写意地描述了这一历史演变。直到今天，每个人依然专业化地做事，然后我们都用赚来的钱换取自己需要的东西。

发展的下一步是贸易活动国际化。货物和服务的贸易不再仅限于邻里之间，这种贸易跨越国界，跨越海洋，需要造船或用动物来远距离地运输货物（请注意，这里的国际贸易指的不是国家之间的贸易，而是居住在不同国家的人之间的贸易）。经济活动的专业化，带来了生产力的提高，产生了社会盈余，而贸易（无论是国内贸易还是跨境贸易）让我们比自己做所有事更加富裕。我们今天所说的全球化，与200年前的不同之处在于，贸易强度更大，并且将产品和服务进一步细分，供应链遍布全球。

技术的进步持续贯穿这段历史。人类能力的平稳进步，偶尔会被新的通用技术广泛运用所导致的生产力重大飞跃所打破。这些经济飞跃被称为"工业革命"。

三次工业革命，三段痛苦时期

第一次工业革命，一般认为是从 18 世纪末到 19 世纪末，由蒸汽机的发明和广泛应用所推动的，蒸汽机用更强大的力量取代了人类或动物的劳力。那场革命使许多人从艰苦的体力工作中解脱出来，或者换一种说法，他们失去了工作。这项新技术的发明者和早期采用者获得了丰厚的利润，并带来了股市的繁荣。老牌企业经历了一场大洗牌，尤其是在欧洲，相较于未采用蒸汽技术的企业，采用这项技术的企业可以提供价格低廉的产品。这些具有竞争力的新企业大多是位于北美洲的新经济体。在第一次工业革命时，这类企业刚刚起步，因此在北美洲采用新技术比在欧洲更容易。对于欧洲的老牌企业来说，放弃旧技术、投资新技术，是一个破坏性大且十分漫长的过程。

经济学理论使得这种技术更迭过程听起来很容易。新技术可以生产同样的布料，而且比旧技术生产出来的便宜得多。布料价格下跌，使价格更实惠。在为服装制造商提供新技术和设备维护的同时，新的就业机会被创造出来。而且，较低的布料价格意味着每个人都比以前有了更大的购买力，从而使得人们在所有其他商品上的支出增加。这些额外支出的增加为整个经济体创造了新的就业机会。结果是，在这项技术引入时失去工作的人可以在其他地方找到新的工作。从历史上看，每一次这样的创新最终创造的就业机会都多于被破坏掉的就业机会。

以上描述只是理论上的。而在现实中，新旧技术的更迭过程需要很长时间。被技术取代的工人必须削减开支，经济增速因此放缓。技术进步导致的价格下跌通常被视为一件好事，因为这可以提高人们的经济承受能力。然而，当工人普遍流离失所时，支出可能会急剧减少，价格和工资的下降可能会在整个经济中普遍存在，或者说，通货紧缩就开始了。通货紧缩会放大个人和企业的债务负担。当一家背负巨额债务的企业的产品价格下降时，该企业就更难偿还债务了。有抵押贷款的人也是如此，通货紧缩经常会导致工资下降，而需要偿还的抵押贷款却保持不变。此外，当企业破产，或者家庭成员因为失业而停止还贷时，银行将会面临倒闭的风险。

换句话说，通货紧缩和债务之间的相互作用进一步减少了支出，本质上使经济在很长一段时间内处于疲软状态，也就是经济萧条。其他经济领域的新增长，以及与新技术相关的全新工作岗位，可能需要很长时间才能出现，从而使得每个人都能在经济中找到新的位置。

1873—1896年，我们经历了现在所称的维多利亚大萧条。正如我将在第七章中所述，维多利亚大萧条是由第一次工业革命引发的，股市繁荣和崩溃是导致萧条的重要因素，但并不是首要因素。

第二次工业革命起源于20世纪初电气化的普及。电的普及推动了许多其他技术的进步和发展。我们这一代人很容易认为这一切是理所当然的，电视剧《唐顿庄园》中精心描绘了人们看到新技术时的反应，每当我们看到剧中人物的表现都会觉得滑稽可笑。厨师帕特莫尔女士和小帮厨黛西之间关于电冰箱相较于传统冰箱的优势的争论就是一个很好的例子。

第一次世界大战中断了经济对新技术的调整适应，因为正常的生产活动和劳资关系退居到次要地位。比那场冲突更加致命的是西班牙大流感的全球暴发。经济学家警告说，可能会有下一场萧条随之而来。然而战后出现的是"咆哮的二十年代"，在这个时期，幸存者的喜悦与快速的工业创新相结合，导致了乐观情绪的高涨和股市的狂热。

乐观主义背后的现实：一个由汽车、电影和消费品组成的全新世界，正在向全球发达经济体开放，尤其是美国。股市狂热，投资者借贷并将更多赌注押在新的经济繁荣上，股价出现了惊人的上涨。最终，所有的股市泡沫因为缺乏新鲜氧气而破灭，只需要一点点怀疑，股市就会由涨转跌。1929年秋天，伦敦和纽约的股市泡沫破灭后，全球经济在接下来的十年里陷入了大萧条。经济收缩了好几年，出现了大范围的通货紧缩。这几十年进步的最终结果，似乎是出现了大量等待救济的新失业者。

如果这种情况出现在今天，中央银行和政府将使用其政策工具来稳定经济，防止通货紧缩。尽管美国当时已经有了中央银行（加拿大则在1935年设立了中央银行），但当时的人们对宏观经济状况还知之甚少。1936年，约翰·梅纳德·凯恩斯提供了第一本经济学家应对经济衰退的政策指南。他主张通过政府借贷来大幅增加政府支出，以阻止经济收缩和物价下跌。这一建议在20世纪30年代后半期得到了一定程度的重视。不幸的是，当政府支出达到实质性增加时，其目的并不是修复大萧条造成的损害，相反，这些支出被用于购买第二次世界大战所需的物资。凯恩斯的思想在战后成为主流，并在接下来的30年里得以广泛实践。

第三次工业革命是由计算机芯片推动的，电子和IT（信息技术）相结合使得生产自动化以及组装和配送物流的远距离协调成为可能。新技术使企业能够加强供应链之间的物流，从而实现更高的专业化程度，并使生产线遍布全球。从20世纪70年代中期到80年代，工人直接被这些新技术所取代，因为这些新技术提供了人们无法想象的产品和服务：从大幅淘汰了打字服务的个人计算机，到替代了电话亭的手机，再到互联网本身。

计算机引发了工业自动化的重大进步，计算机芯片进入从汽车到恒温器再到冰箱的几乎所有领域。在屏幕背后，维护硬件、开发代码和提供集中服务的 IT 服务无处不在。而全球股市则再度出现了泡沫，部分原因是这场新技术浪潮，还有部分原因在于过高的杠杆和纯粹的投机。

与前两次工业革命不同，第三次工业革命并未引发全球经济大萧条，而是出现了其他情况。20 世纪 90 年代初和 21 世纪初，许多发达经济体的工人面临"无就业复苏"，而且只有部分经济体实现了复苏。制造业的增长大部分发生在亚洲和拉丁美洲的发展中国家。日本是个特例，在 1989 年的股市和房地产市场崩盘后，该国在 20 世纪 90 年代的大部分时间里都表现得相当低迷。

尽管如此，上述情况已经比大萧条时要好得多。与前几次工业革命相比，我将第三次工业革命后更好的宏观经济结果归因于更明智的政策。20 世纪 90 年代，许多中央银行都在追求通货膨胀目标。约翰·梅纳德·凯恩斯在 20 世纪 30 年代提供的建议有助于使二战后的经济保持在相对稳定的状态，但在 20 世纪 60 年代末，当全球通货膨胀成为问题时，人们开始对他的理论产生怀疑。米尔顿·弗里德曼主张建立一个更简单的货币政策框架：中央银行可以简单地通过控制货币供应增长来保持低通货膨胀。

宏观经济理论的真正动荡发生在 20 世纪 70 年代，当时约翰·肯尼思·加尔布雷思正在撰写《不确定的时代》。宏观经济理论开始极度关注控制通货膨胀问题，并将其作为制定宏观经济政策的基础。在这个框架内，过去观察到的工业革命期间价格下跌的趋势，将自动被持续宽松的货币政策所抵消；这使得经济增长能够跟上新产能，而不会像过去几次工业革命那样经历通货紧缩。现在人们已经很清楚，这项政策会产生地震般的副作用，在2008年我们就已经感受到了：杠杆率上升、房地产市场崩溃，以及世界各地多家金融机构倒闭。全球金融危机进而演变为大衰退。

尽管如此，人们仍然可以从这样一个事实中看到希望：20世纪30年代的大萧条没有维多利亚大萧条那么持久而严重，对第三次工业革命的全球适应性调整也更温和。这一进展表明，货币和财政政策正在变得越来越有效。与此同时，每一次工业革命的变革步伐都在加快，这表明随着下一次工业革命的到来，我们面对的风险会更大。

第四次工业革命

我们要充分了解过去的三次工业革命，因为我们正生活在第四次工业革命的早期——这个广泛使用的术语由克劳斯·施瓦布在世界经济论坛上提出。第四次工业革命是关于全球经济的数字化，它带来了机器学习、人工智能和生物技术的巨大进步，所有这些都可能产生深远的影响。与前三次工业革命期间同样的担忧再次在传统工作中广泛出现，这些工作涉及制造业、驾驶、机械农业、财务咨询、呼叫中心和零售等其他形式的客户服务，这些工作岗位都处于危险之中。

约瑟夫·熊彼特于1942年在《资本主义、社会主义与民主》一书中，将经济史恰当地描述为一个创造性破坏的过程。技术创新创造了经济增长，但它也破坏了人际关系、生活方式和基于旧技术的资本投资。只关注与技术进步相关的失业问题会忽略大多数事实。数百年的实际情况支持了这一论点。

以农业机械化为例，1867年加拿大建国时①，约50%的人口从事农业生产。如今，这一比例还不到2%，人均农业产量却大幅增加。从农业领域转移出去的这48%的人口在其他领域通过工作获得了报酬。经济中超过5%的领域涉及IT岗位，且该行业的就业率正在以每年7%~8%的速度增长。在第三次工业革命之前，这些工作岗位都不存在。还要注意的是，就在新冠疫情暴发前，尽管第三次工业革命在过去40年中导致部分工作岗位的消失，但加拿大的失业率仍处于40年来的最低水平。

这一历史经验令人备受鼓舞，但它仍有可能使前三次工业革命的其他特征，如两次萧条、各种金融危机、无就业复苏和大衰退，在第四次工业革命中重新出现并产生重要影响。我们可以预见，商品和服务价格将下降，可能会出现普遍的通货紧缩，以及工人的失业或转岗，所有这些都可能在经济调整的同时再次引发类似的经济萧条。毫无疑问，这些压力将渗透到政治领域。

尽管如此，前三次工业革命的经验表明，政策制定者正在不断学习，甚至比第三次工业革命时更有能力应对第四次工业革命。

稳定的技术进步意味着每一个发达经济体都沿着两条轨道发展。在增长高于平均水平的上层轨道上，新的技术正在部署，新的就业渠道正在开辟；在下层轨道上，工作岗位正在消失。其中，有一些工作岗位的破坏是技术进步的本质体现。

经济体及其政策制定者面临的挑战是，确保这两条经济轨道迅速重新融合，而不是像过去的工业革命那样持续数年甚至数十年。随着

---

① 1867年7月1日，英国将加拿大省、新不伦瑞克省和新斯科舍省合并为联邦，成为英国最早的自治领，现代意义上的"加拿大"基本成立。——译者注

时间的推移，为一些人创造财富，为另一些人创造困难的技术，可以让越来越多的人从下层轨道进入上层轨道，因为技术在整个现代历史中都发挥着这样的作用。这就是我们今天的生活比第一次工业革命开始时要好的原因，收入的增加和购买力的提升在整个经济中创造了就业机会。

然而，对一些人来说，新技术带来的调整可能是灾难性的，他们可能会落后甚至掉队。第四次工业革命可能比前三次更具破坏性，因为它不仅有能力增加人类的工作，而且有能力在经济的各个领域完全取代人类的工作。纵观历史，每一次技术进步都在上层轨道和下层轨道之间造成了收入差距，这种力量导致收入不平等加剧。

第四章

收入不平等加剧

追忆：基层视角中收入不平等最明显

从人类由自给自足的农业向有组织的经济过渡时起，收入不平等就成为经济学中的一个问题，根据个人经验，我可以肯定地说，在自下而上的基层视角中，收入不平等是最明显的。我在奥沙瓦长大，与其他蓝领家庭的孩子一起玩耍的经历让我明白，社会并不是简单地分为富人和穷人。白领和蓝领家庭之间的差异不是"富人"和"穷人"这么简单的字眼就能够描述的。我父亲是汽车行业的熟练技工，但从未在当地最大的雇主——通用汽车公司找到工作。在一家小型汽车零部件供应商工作，意味着收入远低于在通用汽车工作的同行。虽然到处都是蓝领，但在奥沙瓦，有些人领子上的"蓝色"更深。

的确，在我家周围，通用汽车通常代表"有钱人的汽车"。我们和通用汽车员工家庭的孩子之间有着明显的差别，他们有不止一条牛仔裤，有牙齿保健计划和度假屋。通用汽车员工的收入水平是由工会推动的，随着时间的推移，他们设法从企业获得了高额的收入。我的高中同学很少有去上大学的动力，同样的七年时间，我通过努力取得了经济学博士学位，而一名通用汽车的装配工人获得了高收入，并在与通货膨胀指数挂钩的固定收益养老金计划中积累了 15 个百分点的收益，结婚、买房和组建家庭。1981 年，加拿大银行经济学博士的起薪低于通用汽车装配工人的起薪。

对于这种相对收入，有一种解释：早在 20 世纪六七十年代，通用汽车的薪酬政策就代表了今天所谓的"利益相关者资本主义"的早期形式。最初，工会是为反对收入不平等和恶劣的工作环境而出现的，从这个角度来看，北美洲的汽车行业肯定代表了一场重大胜利。

然而，也可以说，通用汽车的高工资其实是一个强大的工会给一家几乎没有反抗动力的公司施加压力的结果。自满，或者经济学家所说的"道德风险"，很容易在一家大公司中出现，因为公司可能会认为自己的规模大到不能倒闭。这样的公司可能会顺从工会的要求，避免罢工引起的财务后果，因为公司知道如果遇到麻烦，政府会给员工提供帮助。没有必要谴责工会或管理层，重要的是结果如何。

2008 年全球金融危机后，汽车销量的锐减将一些大型汽车企业推向了灾难的边缘，这证明通用汽车在让劳工满意方面做得过了头。在人们对经济的信心已经十分脆弱时，通用汽车仍被认为"大而不能倒"。在加拿大，联邦政府和安大略省政府制订了一项救助方案。该计划的设计和实施由一个政府官员组成的特别工作组负责，我作为加拿大出口发展公司贷款小组的负责人也在其中。这段时期对奥沙瓦来说实在令人沮丧，我对参与制订这一解决方案也很难表示感到自豪。

如今，尽管仍然保留了一些汽车组装和零部件供应商，但奥沙瓦早已告别了昔日的工业辉煌。近年来的事态发展表明，未来几年将出现温和的复苏，经济会有所调整，生活也将继续。

不平等议题成为政治焦点

在现实世界中，经济学和政治学经常发生冲突。经济关系到人民和选票。我们今天所说的"经济学"，就曾被称为"政治经济学"，并被视为政治学的一部分。经济学和政治学之间的分离始于经济学家摆脱理论传统，使用数学工具来发展自己的研究逻辑。近年来，政治因素已经成为讨论经济前景时的主导因素，经济学家如果忽视政治因素，那么是会导致风险出现的。我最喜欢一句话：一点点政治因素，就足以破坏一个伟大的经济预测。

人们会很自然地问，为什么当下的政治因素能够如此有力地侵入经济分析。如今，我们一生中大部分时间所享受到的全球秩序是两次世界大战的产物，到目前为止这样的生活已经为我们良好服务了大约75年。在这种全球秩序下，国际贸易一直被认为是生产力、经济增长和生活水平提高的关键。政府专注于提供基础设施、教育和医疗保健，并利用政策来熨平经济波动、进行收入再分配，从而保护弱势群体。中央银行主要负责维持低通货膨胀和可预测的通货膨胀，以促进良好的经济决策，并帮助熨平经济波动。这不是一个尽善尽美的经济秩序，但随着时间的推移，它起到了有效作用并在不断改进。

2008年的全球金融危机及随后的大衰退对这种范式提出了强烈的质疑。当时已经出现了再一次引发大萧条的所有要素。尽管最终我们避免了再次出现大萧条，并取得了重大的政策胜利，但许多人认为允许危机爆发导火索的形成是不可原谅的。此外，用于避免大萧条的手段让人们普遍认为，华尔街得到了救助，纳税人在为此买单的同时不得不遭受大衰退的持续影响。经济在努力适应第三次工业革命，受此影响，全球金融危机的复苏进程非常缓慢，失业率高企。很多与经济衰退伴生的常见特征出现了：工人大规模失业或转岗、整体经济增长缓慢、经济割裂为如前所述的上下两层轨道、收入不平等加剧。简言之，民众的不满情绪激增，并导致了相应的政治后果。

联合国的数据显示，在过去一代中，以国家为衡量单位，全球收入不平等现象有所减少，换句话说，随着时间的推移，国家之间的收入差距已经缩小。然而，国家内部的收入不平等现象在加剧，受此影响的人口占世界总人口的70%以上。尽管各国的原因各不相同，但原因大致包括技术进步、企业集中度提升、劳动力议价能力下降和全球化等。虽然这些因素中的每一个都可能受到其他因素的影响，但人们普遍认为主要的驱动因素是技术进步。

1998年，美国著名经济学家阿诺德·哈伯格就收入不平等问题发表了重要见解。他谨慎地提出，由技术驱动的经济增长通常被认为像酵母一样不断增长，到处传播，所以每个人最终都会受益。然而，由科技驱动的经济增长表现得更像蘑菇一样随处出现，并被那些处于有利地位的人采摘。结果是大多数人被排除在这种增长之外。

技术进步和全球化拉大收入差距

经济学家的大量研究支持了这样一种观点，即技术进步是我们这个时代经济结构调整或工作岗位流失的主要驱动力。我所说的经济结构调整是指企业需要适应技术，这意味着需要解雇现有工人，创造需要不同技能的新工作岗位。技术变革一直存在，这是一个持续的、渐进的过程，推动了现代经济中的生产力增加，并导致了就业岗位的不断流失。然而，正如前三次工业革命期间所经历的那样，技术进步的周期性变革引发了痛苦的调整，在这种调整中，财富最初主要流向资本家，而流离失所的工人的生活则被颠覆。由此也就不难理解，为什么人们普遍抵制技术变革。

尽管有大量证据表明，历史上技术变革是造成失业的主要原因，但更流行的观点将其归咎于全球化。在实际层面，全球化的效果看起来与自动化的效果相同：企业必须适应国际竞争，否则就将面临失败。为了降低生产成本，企业将部分零部件的生产转移到工资较低的国家，同时解雇在本国雇用的员工；对于工人来说，是因为外国的竞争还是新技术的运用被解雇并没多大区别。事实上，20世纪90年代的全球化浪潮伴随着第三次工业革命，这使得对二者进行区分变得更加困难。

需要指出的是，这正是国际贸易应有的运作方式。正如经济学家所说，这不是一个小问题，而是一个特性。考虑一下两国之间没有国际贸易的情况，此时，不管效率多么低下，一切产品都是由国内制造的。例如，每个国家都需要有自己的汽车工业，而居民的餐食将仅限于在本国种植的作物。

国家之间不尽相同，每个国家都有不同的自然资源和不同的劳动力条件。因此，当我们思考国家之间进行贸易的可能性时，每个国家都可以专注于自己最擅长的事情，然后进行贸易，以满足各国消费者的消费需求。例如，一个国家可能因为拥有所有必需的原材料而专门生产汽车，而另一个国家则因为拥有适宜的气候和土壤而专门生产葡萄酒，然后两国进行贸易。

当贸易开放时，实际情况是，一家效率高、成本高的国内企业将面临另一国企业迫使其停业的风险。以两个同时生产汽车和葡萄酒的国家为例，当贸易开放时，一个国家的汽车工人失去了工作，而另一个国家的葡萄酒工人也失去了工作。那些流离失所的国内工人在寻找新工作时可能会持续一段时间的失业状态，收入不平等现象也因此加剧。同样，占据优势地位的国内企业可以不断成长。

理论上，那些被效率低下的国内企业解雇的工人可以在其他不断发展、效率高的国内企业找到工作，但前提是他们的技能可以迁移。现实是这样的迁移很难快速进行。效率低下的国内企业可能会在很长一段时间内试图与外国生产商竞争，在这一过程中，国内企业的工资会被挤压，政府甚至可能需要采取行动来救助压力重重的国内企业。寻找新的平衡可能是一个漫长、痛苦并且混乱的过程。至于收入不平等，最终结果则取决于汽车工人和葡萄酒工人的相对工资。

贸易谈判代表的整个职业生涯都在逐领域地讨论这一调整过程的复杂性。这就是两国之间的贸易谈判需要很长时间，以及很少有贸易协议能够达成的原因。达成协议后，被涉及的企业需要好几年的时间来适应。想象一下，当世界贸易组织谈判桌上的所有国家都试图在相关话题上寻找共同利益时，情况会有多么复杂。

以上解释忽略了参与国际贸易最重要的好处，即两国消费者为所有东西支付的价格更低。回到我们关于两国贸易的例子，在贸易得到许可之前，两国消费者购买的一切商品都很昂贵。即使是国内经济中效率高的企业也只是在规模变得更大时，才可以降低成本，从而降低消费者购买商品的价格。此外，许多外国商品也因为缺少贸易而无法获得。

为了从根本上理解贸易自由化对人们意味着什么，我们需要考虑价格效应。一旦国际贸易开始，高效的国内企业的规模就会扩张，从而变得更加高效。这意味着对消费者而言商品的价格更低。效率低下的国内企业倒闭后，它们的产品被来自成功的境外企业的廉价进口商品所取代，境外企业本身也因出口量的增加而变得更加高效。两国消费者所能购买到的所有商品的价格都降低了，这实际上意味着，消费者突然变得更富裕了。商品（不论是国产的还是进口的）价格降低后，消费者就会有资金剩余，这样就可以把钱花在其他事情上，这在两个经济体的每个领域都能够促进生产扩张，创造新的就业机会。

贸易自由化在两国都导致了企业的成功和失败，对其劳动者和收入不平等产生了极为显著的影响。经济学家所称的"替代效应"及其复杂性使贸易谈判变得困难，这也是那些因国际贸易开放而受到伤害的人反对贸易自由化的原因。尽管这种困难对受影响的个人来说意义重大，但与贸易自由化带来的广泛宏观经济效益相比，显得十分渺小。这两个国家购买力的增加，构成了经济学家所说的"收入效应"。令人遗憾的是，这种效应很少出现在贸易谈判或餐桌辩论中。尽管"收入效应"是一条相当重要的渠道，但由于很难追踪结果，因此也很难被证实是由国际贸易引起的。

为了更形象地说明这个问题，我再次以两个国家的贸易为例：假设一个出口汽车，另一个出口葡萄酒。一旦汽车和葡萄酒在两国都变得更便宜，消费者就有了更强的购买力，并将额外的钱花在房屋装修、外出就餐、服装购买和度假上，简言之，就是用来消费更多的产品和服务。不幸的是，很少有人接受这样的论点，即这些在住房建设和维护以及餐饮等领域创造的新的就业机会实际上来自汽车和葡萄酒贸易的增加，但事实确实如此。这种就业机会的创造是由贸易引起的购买力增加所推动的。相反，关于国际贸易的辩论焦点在于，那些在一个国家的汽车制造业和另一个国家的酿酒业中失去工作的人。

贸易如何影响收入不平等则是一个非常复杂的问题。一个从汽车行业失业的工人可能永远不会重新进入劳动力市场，在这种情况下，收入不平等现象就会明显加剧。或者，被解雇的汽车生产工人最终可

第四章　收入不平等加剧　　059

能会成为建筑行业的电工，收入更高。即使如此，也很少有人会承认，电工工作的存在是由于新的国际贸易带来的整体收入增长。事实是，抵制贸易并坚持每个国家都应该制造自己的汽车，就像有人坚持我们每个人都应该自己种植蔬菜、自己修剪头发一样。可如果事必躬亲，我们就没有多少时间去做自己擅长的工作，进而限制我们创造经济价值的能力。

人们普遍认为，当今人们的购买力水平并不取决于国际贸易分工。人们理所当然地认为，即使实施了贸易限制，侵蚀了通过国际贸易赚取的收入，这种水平的繁荣也会持续下去。和往常一样，人们将所有的注意力都集中在"替代效应"上，即贸易限制被认为有助于压力重重的本国企业重新焕发生机，然而实施贸易限制就会失去之前取得的"收入效应"。这一事实从长期来看更加重要，但却被忽视了。

一个具体的例子是对在国外生产的家用电器征收关税，试图迫使企业将生产转移到国内，这可能会创造或恢复一些国内就业机会。然而这么做也会提高国内每个家庭的家用电器价格，从而削弱购买力，并导致许多其他经济部门的工作岗位消失。

这些示例已经经过了简化，现实世界其实更加复杂。全球化使企业能够在生产各种东西的过程中尽可能地提高专业化程度，降低成本，这直接提高了企业的生产力和盈利能力。产品和零件由分散在世界各地的专业化企业生产，并通过国际贸易联系在一起，我们称之为"全球供应链"。

全球化通常被认为是一个非此即彼的命题，一家企业要么是在国内生产产品，要么是在海外生产产品。实际情况远比这复杂。一个给定的产品可以分解成许多组件。其中一些组件很容易制造，而它们本质上也是商品，因此在工资较低的国家生产这些组件的成本可能会低得多。由于这些组件十分简单，质量很容易得到保证，企业不需要在国内为生产同样的组件支付高昂的工资。

生产产品的其他组成部分则可能需要高技能的工人、使用专业的设备，因此更自然地由高薪工人在国内完成。每个组成部分的资本密集度也在发挥作用。如果一个组件是由机器制造的，所需工人很少，那么无论机器的生产操作在世界何处进行，其成本都是大致相同的。强行推动劳动密集型的工序向工资水平更高的本国回流，只会迫使企业提高资本密集度，尽量使工人的生产效率抵得上增加的劳动力成本。换言之，强制实施此种举措创造出来的就业机会其实比大多数人认为的更少。

供应链的优化配置是一个需要解决的复杂问题，需要在恰当的国家将必要的生产力和技能水平与恰当的工资水平进行匹配。这种特殊性也使所有供应链都很脆弱。如果一个低收入水平的国家在贸易上取得了成功，从而提高了生活水平，那它就不会一直是一个低收入水平的国家，而是会沿着价值链向上移动。这样一来，本国企业就要寻找低收入水平的经济体，将其纳入供应链中劳动密集的部分。这也会让它们发现，将部分供应链定位在外国的成本优势已经被充分削弱，此时把这部分生产带回国内是有意义的，这一过程被称为"业务回流"。

全球供应链是如何运作的

以智能手机为例，这是一个极其复杂的零部件集合，其中一些零部件比其他零部件更容易制造，最复杂的是软件。为了简单起见，假设一些零部件可以由受过高中教育的工人生产，一些零部件需要由受过大学教育的工人生产，还有一些零部件需要具有更高专业水平的工人生产。对于一家企业来说，所有零部件都使用企业里最高薪的员工来制造是很不合理的。相反，该企业应该在世界各地寻找最适合生产每种零部件的企业，选择价格最低、质量最好的企业，并将每种零部件的生产制造分包出去。正是产品的碎片化生产方式使得技能、工资和所制造的组成部分能够进行细粒度的匹配。有了这些供应安排，企业就能协调零部件的供应，以便它们在恰当的时间到达总装地点。这可不是一项小任务，以苹果公司为例，其全球供应链覆盖了40多个国家。

发达经济体中受过高中教育的工人可能无法得到制造这些低价值零部件的工作。这是因为随着时间推移，社会压力、法律对最低工资的规定或其他限制因素使他们的工资高于其他国家。这些国内工人对成功的智能手机制造企业将许多工作岗位转移到国外表示不满，因为这些工作本来是可以在国内完成的。

离岸外包可能会使500美元的智能手机和1 000美元的智能手机之间产生巨大差异，价格的不同会极大地影响智能手机的销量，以及所创造就业机会的多寡。事实上，如果该企业坚持使用当地劳动力生产价值1 000美元的智能手机，而一家外国竞争对手选择建立全球供应链，生产价值500美元的智能手机，那么就可能使国内企业破产。一些消费者可能会被说服购买本地产品，特别是在国内政府制定了关税，使外国智能手机的价格达到1 000美元的情况下。即使如此，这家国内企业售价1 000美元的智能手机销量还是会远低于售价在500美元的智能手机，并且会限制就业机会的创造。这也意味着，购买了1 000美元智能手机的国内消费者将失去在其他经济领域的消费能力。这就是为什么试图迫使企业增加其产品中本地含量的政策通常会适得其反，并导致其他经济部门出现失业。

在这个全球化的例子中，许多高薪工作，如管理、设计、工程、营销、软件开发，以及需要高技能工人或特殊资本设备的最复杂组件的生产等仍位于国内。这种分工是有积极意义的，因为这意味着即使企业在海外创造了大量低收入水平的工作岗位，高收入岗位劳动者的工资收入仍将在国内用于消费，从而为所有部门的就业提供机会。

尽管如此，在成功的企业里发生的最明显的变化，可能是技能较低的国内工人被低收入水平的外国人抢走了工作。这些工人被迫向其他领域转型，以某种方式从低增长轨道进入高增长轨道。如果作用于经济的力量会持续很长时间（如全球化已有大约30年），那么受影响的工人会源源不断地进入经济的低增长轨道，当他们试图进入高增长轨道时，劳动力市场就会不断动荡。即使许多人确实过渡到了高增长轨道，但还是会有一些人最终留在了低增长轨道，为了生存而从事各种收入水平较低的工作，因为他们无法转型。因此，在调整的过程中，收入不平等情况很可能不断加剧，而且可能持续很长时间。比如，尽管一家成功的国内企业对国内总收入、消费和就业做出了积极贡献，但往往得不到认可，反而会被指责是企业的行为导致了收入不平等加剧。

毫无疑问，技术进步和全球化加剧了个人收入不平等。美国是拥有最多跨国企业并积极推动离岸经营的主要经济体。根据经济合作与发展组织公布的数据，美国也是经济合作与发展组织中收入不平等程度极高的发达国家之一。相应的衡量指标是基尼系数，该指标最大为1，最小为0，其中0表示完全平等的收入分配，1表示完全不平等的收入分配（理论上，个人应获得所有收入）。北欧国家在收入分配平等性方面领先于世界，基尼系数平均在0.26~0.28，而美国略低于0.40。土耳其、智利、墨西哥和南非的收入不平等程度远高于美国，基尼系数远高于 0.40，南非甚至超过 0.60。美国的基尼系数比北欧国家高出约 40%，比德国、法国和加拿大高出约 30%。英国的基尼系数比美国低 10% 左右，日本比美国低 15% 左右。在同一时间点，收入分配的平等性不如其他国家是一回事，但如果收入不平等随着时间的推移而加剧，那就是另外一回事了。在过去的 10～15 年，美国的基尼系数上升了约 8%。

面对技术进步和全球化，政府政策有能力防止收入不平等情况加剧。所涉及的原则与侠盗罗宾汉的传说一样古老。值得注意的是，尽管美国的基尼系数一直在上升，但同期加拿大的基尼系数下降了约 5%。这一观察结果可以在一定程度上解释两国不同的政治环境。加拿大的税收制度是主要经济体中累进性极强的一个。根据经济合作与发展组织的报告，对于有两个孩子的单一收入家庭，按平均工资计算的综合所得税税率（包括各种税收转移）在加拿大仅为 2.4%。美国则为 12.2%，即使是高度平等的瑞典也有 17.8%，丹麦为 25.2%。在加拿大，消费税退税和家庭津贴计划在税收体系的底端实现了负所得税。这在过去十年中发生了重大变化，2010 年时加拿大的相应数值为 8.1%，而美国为 11.2%。换言之，加拿大低收入群体的净收入状况有了显著改善，而美国则略有恶化。

即使如此，无论在哪个地方，高收入群体的收入增幅都十分惊人，但该群体仍旧认为自己的工资水平停滞不前。这一点在金融领域最为明显，这可能是美国和英国收入分配不平衡的原因之一。而根据基本的国际经济模型，对于面临外国竞争的低技能工人来说，收入水平可能不增反降。

我们还可以换一种方式来看待这个问题，即考虑企业内部收入水平的变化。早在 20 世纪 60 年代企业的收入等级制度中，首席执行官的收入是最低工资员工的 10~15 倍。这一收入差距一直在稳步扩大，尤其是在股票期权成为一种流行的高级领导者薪酬形式之后。这一差距在 20 世纪 80 年代末达到 40 倍，而如今则已超过 200 倍。

经济问题最终变成了政治问题

无情的经济力量在许多发达经济体中制造了不满情绪，这势必会引起政治家的兴趣。如今，由于社交媒体的放大效应，这些经济问题变成了政治问题。经济学家的典型反应是，市场力量最终对每个人都有好处，对那些受到直接影响的人来说，这听起来像是某种宗教假说。加拿大前总理斯蒂芬·哈珀在 2018 年出版的 *Right Here Right Now*（《此时此刻》）一书中写道：这些紧张局势表现为"全球主义者"和"地方主义者"之间的政治两极分化。通俗来说就是"任何地方主义"和"某些地方主义"。秉持"某些地方主义"的人通常是受到技术和贸易冲击最大的人，并与其所处的社区紧密绑定，因此无法像秉持"任何地方主义"的人一样适应如此巨大的变化。作家杰夫·鲁宾在他 2020 年出版的 *The Expendables*（《消耗品》）一书中称这些人为"消耗品"。问题的关键不是要指责谁，而是要明白，收入不平等的加剧很可能会造成政治上的分化。事实上，民主妥协的概念似乎正处于灭绝的边缘。

再分配政策薄弱的国家首先表现出政治两极分化和民粹主义抬头的迹象，但全球似乎都在朝着这个方向转变。其中包括 2016 年唐纳德·特朗普当选美国总统、欧洲议会中出现越来越多的民粹主义者和反移民政党，以及英国的脱欧运动。考虑到所有的作用力，无论是否有意为之，至少可以解释为什么各国的关注点已经开始转向国内焦点议题，并表现出更具对抗性的国际姿态。当然，这种转变背后的经济基础意味着，转变不会因为特朗普不再是总统而消失。经济构造力的影响愈加重要，可能会使政治两极分化加剧。

美国政治风险咨询公司欧亚集团的伊恩·布雷默称未来是"零全球领导国的世界"，即全球领导力下降，各国更加关注自己的狭隘利益，国际关系更加敌对。这一可能的后果是，旨在对世界的未来做出明智决定的国际合作论坛的重要性将大不如前，如七国集团和二十国集团。与此同时，随着社交媒体放大"噪声"、制造"回声"，并使政治两极化，国内政治共识变得越来越难以达成。好的政策可能变得极难制定和执行，尤其是促进增长的结构性改革，因为这些改革可能在短期内侵害了一些人的利益。

全球向民族主义政策的转变有可能抵消过去全球化带来的许多好处。贸易限制将直接削弱生产专业化，而生产专业化曾带来了巨大的生产力增长。在一个贸易受限的世界里，在给定的人口增长率下，经济增长将进一步放缓。去全球化带来的损失将不尽相同：依赖贸易和供应链程度最深的经济体将受到最大的伤害，而相对封闭的经济体（尤其是大型经济体）可能受到的影响较小。

对于高度脆弱的经济体来说，去全球化意味着生产力的立即丧失和国民收入水平的降低。许多方面的低效率最终会导致整体经济增长放缓。去全球化就像把沙子倒进我们的经济机器。这些影响也会出现在更大、对贸易依赖程度更低的经济体中，但可能不那么明显，因为它们的国内经济体量要大得多。向较低的经济增长率过渡需要企业打破全球供应链并进行重建，摧毁现有资本存量，建立新的资本存量，而最终结果可能会不如以前。我们可能会经历较长时间的破坏性调整和经济增长放缓，然后才能适应新的、水平较低的全球收入，并出现增长放缓的趋势。换句话说，我们看到的可能不是创造性的破坏，而是非创造性的破坏。

受去全球化影响最大的将是消费者。消费者通过贸易获取更多的产品选择和更低的价格，这增加了他们的实际购买力。这也是从国际贸易中获得大部分收益的渠道。通过贸易限制或者关税所实施的去全球化会产生完全相反的效果，即导致消费者的购买力显著下降。其中影响最直接的是关税，因为关税总是由国内消费者来买单，但消费者却很难真正意识到这一点。出于这一原因，反贸易政客往往看起来很有说服力，因为他们声称要拯救国内就业情况。但他们始终未提到，对于每个消费者来说，这将意味着更高的商品价格。

收入不平等的持续加剧深深植根于我们的经济体系，既是由技术进步推动的，也是由全球化推动的。这一趋势导致政治两极分化的自然出现，使得如何就解决这一问题达成共识变得更加难以捉摸。新冠疫情的暴发凸显了收入不平等这一经济构造力的紧迫性。

在漫长的历史之河中，收入不平等的程度经历了大幅波动。过去，收入不平等程度往往在经济萧条前达到峰值，无论是由雇主自己发起的，还是由政府政策或不断增加的工会组织推动的，经济萧条都会降低收入不平等程度。这样的转折点即可以说明经济构造力可能引发经济和金融不稳定。现在，随着解决收入不平等的政治压力不断加大，世界可能已经接近一个转折点。即使如此，也很难就这个问题达成共识，实行折中政策则要承受在改善收入分配状况的同时导致国家总收入减少的风险。此外，即使政客很快采取行动来降低收入不平等程度，第四次工业革命的进程也将在未来几年导致收入不平等再次加剧。

收入不平等加剧的一个持续伴随因素是不断增加的债务，这就是我们即将谈到的第四种经济构造力。

第五章

债务增长

追忆：终生难忘的暑期实习

我在学校里表现很好，成绩优异并获得过多个奖项。我虽然在很多方面存在不足，但聪明和勤奋弥补了我天赋上的欠缺。我在体育方面也没什么亮点，只会踢一点足球和打垒球。我的父母一再提醒我在学习上存在的不足之处，而且从未在事情进展顺利时过度夸奖过我。或者说，他们是在积极培养我追求卓越并保持谦逊的品格。

对我来说，努力工作是理所应当的，因为我渴望拥有比父辈更高的生活水平。坦率地说，我是个书呆子，我甚至连看起来都是个书呆子。一直到1969年我才被允许换掉军人般的寸头发型，从社交角度来说，那是一段艰难的时光，因为我所有的朋友都开始留长发了。我的社会观深受父母的影响，而在他们的认知中，家庭医生和牙医位于收入金字塔的顶端。我推测，一个人如果足够聪明、足够努力，上学时间足够长，就有可能成为一名家庭医生或牙医，赚取足够的收入，甚至可以住在奥沙瓦的最北部。

我是父母家族中的第一个大学生，靠女王大学的奖学金和高中时做三份兼职的收入支付学费。每天放学后和每个星期六，我在我叔叔的游泳池、建筑工地和奥沙瓦中心的伊顿百货唱片部打工；星期六晚上，我还开展自己的 DJ 业务，在婚宴、冰壶巡回赛和其他聚会上打碟。从 15 岁起在女王大学读本科的整个阶段，我几乎每个周末都会开车从金斯敦到奥沙瓦打碟。

在 1974 年进入女王大学时，我原本打算成为一名医生，而第一步就是要至少修完两年的生命科学课程。大学的课程设置十分明确，第一年必修生物学、化学、物理和数学，以及一门任选课程。由于我一心只想着学医，所以根本不知道该选修什么。我考虑过再选修一门数学课程，但我去上学的第一周，有人建议我抱着玩一玩的心态选修经济学。

这可能是我收到过的最好建议。我也因此爱上了经济学。经济学能够帮助我们了解世界是如何运作的，并通过制定政策让每个人都变得更好。想象一下，它可以让每个人都变得更好，而不是像成为医生那样一次只能让某一个人过得更好。我了解了加拿大中央银行在经济中扮演的角色，并很快为之着迷。我知道自己想在中央银行工作，而且期望有一天自己能够管理它。没有多少孩子在这么小的时候就有这样一个坚定的愿景，并能够在将近 40 年后实现它。当然，我的实现之路也不是一帆风顺的。

我一直很谨慎，在女王大学就读的第二年，我学完了申请医学院所需的课程，但我将专业从生命科学转到了经济学。那一年之后，我彻底坚定了成为一名经济学家的想法，再也没有考虑过申请医学院，我的父母对此深感失望。

1971 年，在十年级的地理课上，我爱上了坐在我斜上方座位上的一名年轻女孩，她就是瓦莱丽。我们于 1976 年结婚，当时我正在女王大学读本科。瓦莱丽在一家银行从事客户服务工作，靠着这份收入，再加上我每个星期六的 DJ 工作、暑期零工收入和奖学金，我们度过了我在女王大学的本科阶段和在西安大略大学的研究生阶段。

我在女王大学读四年级那一年，有一天，我和瓦莱丽正在看电视上播放的《达拉斯》，就在这时，我本科毕业论文的指导教授打来了电话。

"史蒂夫[1]，我需要你马上去唐纳德·戈登中心！"他用迷人的伦敦腔喊道。

"怎么了？"我一边回答，一边盯着屏幕上 J.R. 尤因的恶作剧。

"加拿大中央银行的一些人正在那里参加一场会议。我跟他们说，你的研究表明他们的大部分工作都是垃圾，他们想马上和你谈谈。"

我被震惊了。我的论文是针对居民储蓄波动的研究，这是当时加拿大中央银行货币政策的重要衡量标准。但我的研究绝对没有表明加拿大中央银行的研究人员是在制造"垃圾"。在我看来，教授可能有点夸张。我当时正在仔细思考这个问题，因此可能没有表现出足够的热情。

"你在犹豫什么？穿上西装马上过来！"

我穿上西装，打上领带，前往会议中心，在那里我遇到了几个中央银行的员工。我知道其中一位，因为他就在"我的研究表明其工作是垃圾"的那些研究人员之列。我立即试图纠正这种说法。他们让我坐下，询问了我半个小时，并说会联系我。在下一个星期一，我得到了一份终生难忘的暑期实习，在一位出色导师的指导下拥有了一段美妙的学习经历。暑期结束时，我获得了研究生毕业后就能入职的机

---

[1] 史蒂夫（Steve）是斯蒂芬（Stephen）的昵称。——译者注

会。那一刻开启了我对加拿大中央银行的终身眷恋。

当时，加拿大中央银行非常注重对高通胀率的控制。保持低通胀率仍然是当今大多数央行货币政策的目标。以通货膨胀为目标意味着需要调整利率以应对经济的大幅波动。利率调整的一个积极的副作用是能够熨平经济增长和就业波动。然而，另一个意想不到的副作用是导致债务水平上升。

持续的债务增长

债务增长已经成为我们这个时代热门的宏观经济课题之一。每一种类型的债务都不断创下新纪录，让人们对"自食恶果"感到焦虑。大多数观察者将债务上升归因于低利率，这是他们指责央行的另一种说法。正如第二章所解释的，这是一种误解。

先从家庭债务开始。最常被引用的债务衡量标准是债务与可支配净收入的比率。尽管这个衡量标准十分方便，但它仅代表了整个经济的平均债务水平，远不能反映完整情况。例如，在加拿大，这一比率在过去20年中不断上升，从2000年的117%上升到如今的180%左右，这意味着家庭的平均欠款几乎是实际工资的两倍。由于大约一半的家庭根本没有债务，因此对于有债务的家庭来说，这一比率实际上要高得多。此外，由于这个数字是一个平均值，因此有些家庭的负债水平实际上要高得多，尤其是在房地产价格特别高的城市，如温哥华或多伦多。

经济合作与发展组织的报告显示，加拿大在家庭债务增长方面并非孤例。澳大利亚的家庭负债率已上升到200%以上，英国上升到140%以上，法国、意大利和瑞典等国家也有大幅上升。然而，也有一些明显的例外。美国的家庭负债率与20年前大致相同，在21世纪初从104%上升到144%，然后在全球金融危机后大幅下降至105%左右。这种逆转通常被认为是对加拿大和澳大利亚等高负债国家的警示。德国的家庭负债率在21世纪初期保持稳定，然后在2010—2020年呈下降趋势。显然，债务情况取决于每个国家的金融周期，当地的住房市场情况也起着重要作用。

值得注意的是，所有这些所谓的高负债国家的家庭净资产远远超过可支配收入的400%，其中许多超过500%。这表明使用家庭负债率这个指标混淆了不同的概念。尽管可能过度简化，但我们可以说，房价高的国家往往有高额的家庭债务。由于家庭在拥有房屋这一资产的同时，背负着抵押贷款这一负债，这往往会在净资产数据中相互抵消。

即使如此，家庭负债仍在人们的整个生命周期中持续存在。根据加拿大统计局的最新数据，65岁以上的加拿大人中只有大约57%没有债务，而十年前这一数字超过70%。

汽车金融也加剧了债务上升。在加拿大，汽车贷款的期限变得非常长，七年的贷款期限非常常见。由于付款金额是固定的，消费者从经销商那里把车开回家的那一刻起，车辆的价值就会低于未偿还贷款的金额，直到很长一段时间后才能抵消。许多人试图在贷款期限结束之前再换一辆新车，并被鼓励通过借新还旧来偿还未还清的贷款。在过去20年中，所有机动车辆的贷款价值比从约23%上升到33%，有汽车贷款的家庭占比从约20%上升到30%以上。

根据经济合作与发展组织的报告，企业债务通常通过未偿还债务与年利润的比来衡量，这也引发了类似的担忧。加拿大的这一数字十分突出，在过去几年中超过8。美国的数字甚至更高。日本和法国大约为6，英国约为5，经济合作与发展组织其他多数成员约为4。总体而言，企业债务的增长幅度小于家庭债务。

宏观经济政策加速债务增长

尽管粗心的观察者可能会持怀疑态度，但有确凿的证据表明，在过去大概 50 年的时间里，宏观经济调控政策变得更加有效。毋庸置疑，央行控制通货膨胀的政策目标具有稳定经济的价值。随着通胀率越来越低、越来越可预测，就业、失业和国民收入的波动都会越来越小。

如果没有这些有效的货币和财政政策，那么很难想象会发生什么。经济学家使用模型来分析实际结果，以显示如果没有宏观政策会发生什么，而这就是他们衡量行动方案有效性的方式。实现通货膨胀目标意味着预测未来由于经济增长和失业率波动带来的通货膨胀压力，然后根据预测情况调整利率以减弱这些影响。这就类似于将船向左转向几度，以缩小海浪将船推向右侧的角度偏差。在试图保持通货膨胀稳定的同时，中央银行的货币政策也有助于稳定经济增长和就业。虽然经济增长和就业仍然可能经历巨大波动，但其波动幅度总归比在没有通货膨胀目标框架的情况下要小。

但并非所有的副作用都是良性的。在中央银行的调控下，由于经历的深度衰退比过去少，经济体错过了在经济衰退过程中产生的"净化"效应。在经济衰退期间，脆弱的企业会倒闭，其债务会被银行核销，这通常会降低整个经济体的负债率。一旦经济复苏势头增强，债务水平相对较低的新企业就会取而代之。人们普遍认为，在这种经济衰退中产生的净化效应也有助于提高平均生产率，因为新企业比旧企业更有可能使用新技术，效率也更高。防止经济衰退，或者至少降低衰退的严重程度，会导致脆弱、低生产率的僵尸企业持续存在，从而降低整个经济体的生产率。

这也意味着随着时间的推移，经济体的负债会越来越多。当经济增速放缓时，中央银行降低利率，通过以较低的利率增加借贷，促使家庭和企业增加支出。由于这些政策行动，失业率的上升得到了缓解，并最终得以扭转。那些指责中央银行导致债务增加的人似乎从来没有意识到，如果没有实施稳定通货膨胀的政策，会发生什么情况：如果没有因利率降低而导致的债务增加，失业率会更高、更持久，从而让每个人都变得更糟。

所有这些都意味着，债务对经济的运行至关重要。只有通过借贷，家庭、企业和政府才能长期运作。可以考虑另一种选择：一对夫妇先存25年钱，然后在孩子准备离开家的时候买房，而不是在他们真正有需要的时候用抵押贷款买房，这显然是不可取的。同样，对于一家希望扩张以满足产品市场需求日益增长的企业来说，等到积累了足够多的留存收益再扩张，通常意味着会错过企业发展和扩招新员工的机会。对于政府而言，通过借贷来实施基础设施建设能够创造资产，这种资产可以为社会带来回报，同时促进私营经济的增长，并在未来几年创造税收。强迫政府永远不要为此目的举债是没有道理的。简言之，债务的存在有结构性的原因，而不仅仅是周期性的，区分这两种原因极其困难。

经济波动与货币和财政政策之间的相互作用，产生了有效稳定政策的第三个副作用：创造了与传统经济周期不同的金融周期。金融周期描述了在经济周期上行期金融系统风险的积累，以及在经济周期下行期金融系统风险的修正。

虽然人们可能预计，当经济增长时金融风险会很低，而在经济衰退时风险会很高，但这背后是有驱动因素的。在扩张过程中，当贷款人更有意愿去放贷时，风险就会增加，而这种风险实际上在经济低迷时才会显现出来。通常情况下，只有在为时已晚时，风险才会被识别出来。

强有力的干预政策可以在众目睽睽之下隐藏风险。随着时间的推移，全球金融周期延长，因为稳定政策的有效性使经济可以实现更长久的扩张，并导致借贷不断增加。简言之，良好政策维持经济增长的时间越长，投资者、企业和家庭就会越自满，所承担的风险也就越大。这使得清算日到来时，情况可能会更加严峻。

此外，债务增长使经济对利率上升更加敏感。从本质上讲，利率每上升一个百分点，所需偿还的金额就会越大，债务存量也就越大。在经济衰退之后，利率并不是总会回到之前的水平，因为各国央行担心金融系统的潜在影响。因此，利率可能永远不会上升到足以清除系统中的低质量债务和表现不佳的企业。长此以往，经济体基本上会变得更加依赖于债务，也更加脆弱。

债务增长显然在2008年的全球金融危机中发挥了重要作用。在十多年后的2019年，与家庭、企业和政府相关的全球债务总额几乎翻了一番，达到全球国民总收入的三倍左右。新冠疫情暴发之后，全球政府债务上升到全球总收入的约100%，比上一年高出近20%。

政府债务的可持续性

尽管根本原因各不相同，但疫情后全球的债务状况与第二次世界大战结束时的情况并无不同。历史上，政府债务的大幅飙升与战争有关。在发达经济体，债务占国民总收入的比例从30%左右飙升至第一次世界大战期间的80%以上。债务水平在"咆哮的二十年代"普遍下降，降至国民收入的60%左右，但在大萧条期间再次上升。第二次世界大战使发达经济体的债务规模超过国民收入的120%，但在之后的一个世代，债务水平迅速下降，在20世纪70年代中期降至30%左右。

如前所述，在接下来的40年里，政府债务持续上升，这是由于在经济衰退期间政府使用了减税和通过借贷融资的特别政府支出等财政政策来稳定经济。

在美国，关于政府赤字的总统执政理念也起到了一定作用。在罗纳德·里根任期（1981—1989年），美国政府债务占国民收入的比例从30%左右上升到50%左右；老布什任期（1989—1993年），债务率在60%以上；比尔·克林顿任期（1993—2001年）债务率降至60%以下；乔治·沃克·布什任期（2001—2009年）债务率首次提高到80%以上；奥巴马在全球金融危机中接任（2009—2017年），美国债务率上升至大约100%；唐纳德·特朗普任期（2017—2021年）经历了新冠疫情的暴发，也经历了历史上和平时期政府支出的最大增长；乔·拜登总统（2021—）继续推行了这些政策，美国的债务率远超100%。

其他发达经济体作为一个整体，债务率紧随美国之后。从20世纪70年代中期的30%左右，上升到千禧年的75%~80%，之后在大衰退期间逐渐上升到100%以上，然后在新冠疫情防控期间又上升了20个百分点。加拿大的政府债务状况比平均水平要好。包括省级债务在内的债务率在20世纪90年代中期达到峰值，约为100%，在新冠疫情出现之前下降到约70%，在新冠疫情防控期间又重回100%以上。

过去，政府的债务水平曾高达国民收入的200%并得到了控制，例如19世纪初和20世纪40年代的英国，今天的日本和中国也是如此。但今天的债务水平会给未来带来哪些风险？管理债务负担的方法不止一种，有些方法比其他方法更危险。如前所述，当考虑到作用于经济的其他长期力量时，这一分析尤其重要。

我想问其他"婴儿潮一代"的人是否记得在20世纪五六十年代，他们的父母承受着因第二次世界大战引起的巨大债务负担？很少有人能记得曾在厨房餐桌上谈论过这个话题。第二次世界大战后个人的税赋有所增加，政府债务率的下降主要是因为强劲的经济增长。诚然，20世纪50年代和60年代的经济增长速度远高于我们在未来十年可能看到的增长速度。但未来，人口因素在导致经济增速较低的同时，也将导致自然利率较低，这使政府更容易偿还债务。

从技术层面来看，使政府债务可持续的宏观经济条件非常简单。如果政府必须支付的未偿还债务的利率低于经济增长率，那么债务与收入比将随着时间的推移而下降。即使政府从未真正偿还债务，而是只支付了利息，随着时间的推移，不断增长的经济也将导致债务率下降。我们可以根据实际利率（实际利率需要低于实际经济增长率）或名义利率（名义利率需要低于包含通货膨胀的名义经济增长率）来考虑这一点。

如上所述，全球人口老龄化和自然利率在未来几年的走势将逐渐趋同，对世界经济增长和自然利率产生影响。然而，各国政府现在可以在低利率期锁定债务所需支付的利息，同时采取能够在未来促进长期经济增长的政策。只要这些利率低于经济增长，债务率就会相对于经济规模逐渐下降，从而满足可持续性的要求。如本书第十二章所述，为了实现这一目标，是有一系列政策选择可做的。为了恢复财政活力，为未来可能发生的危机做准备，以比这种自然下降更快的速度降低政府债务率可能是可取的，但这是一个政治问题。

债务不可避免地持续增加是人口老龄化、实际利率下降、金融创新和宏观经济政策的产物。毫无疑问，无论对家庭、企业还是政府，借贷都是经济发展的巨大推动力量。我们可以想象一下，如果债务率像20世纪50年代那样低，生活会是什么样子。几乎所有衡量经济表现的指标，无论是个人的还是总体的，都远远达不到当今社会进步的现状。

而这一切都没有改变债务积累使家庭、企业和政府越来越容易受到未来经济动荡影响的事实。当债务负担很重时，任何经济冲击产生的后果都会被放大，并可能成为灾难性的。对于家庭来说，如果债务负担太重，暂时失业可能意味着财务崩溃。对于一家企业来说，经济衰退可能会与债务激增相互作用从而导致破产，永久性地摧毁企业所有的工作岗位。当个人或企业被摧毁时，他们的债务也会随之消失，这意味着与他们债务相关的金融机构也会遭受巨大损失。政府没有无限的借贷能力，它们必须提出可信的财政计划，否则就将面临投资者的严厉评判，投资者会抛售政府债券，迫使利率上升，并引发清算。

随着负债不断增加，未来经济动荡的风险也会加大。如果这种巨大的债务冲击与其他巨大的力量相互碰撞，那将对全球经济产生潜在的、更为深远的后果。其中一种相互作用是债务与技术进步的交织，历史上新技术的普及通常会导致商品价格下降。而物价下降会使现有的债务负担看起来更重。另一种重要的相互作用是债务增长与气候变化之间的关系，气候的不稳定会给已经负债累累的政府进一步增加日益沉重的财务负担。

第六章

气候变化

追忆：童年时期的气候

当我还是一个在奥沙瓦市生活的小伙子时，我的生活除了工作就是工作。对我来说，修剪草坪、铲雪和照顾小孩子都是重要的任务。因此我可以证明，20 世纪 60 年代的每一个冬天都会下很多场大雪。那时，法律规定房主必须在早上 8 点前铲干净自家门前人行道上的积雪。有时这项任务非常艰巨，当然，这并不是因为我只是个小孩子。

我爷爷说，大约四五十年前，在他和我一样大时，奥沙瓦的降雪甚至比现在更多。如果爷爷所说不假，那么当时的积雪经常可以埋没电线杆的顶端，但他仍然要步行上下学，而且需要爬两次坡。诚然，我爷爷的描述可能存在夸张成分，但据我个人观察，奥沙瓦现在的降雪量确实比我小时候少了。

事实上，五大湖地区逐渐变暖以及冬季冰盖的减少，意味着现在冬季的天气变得更为温和，尽管由于变幻莫测的湖泊效应，偶尔仍会有大暴雪出现。

我的这些个人反思所要强调的是过去半个世纪气候变化的事实。

当然，全球气候变暖的趋势并不存在争议，存在争议的地方在于究竟是人类行为导致了气候变暖，还是即使没有人类活动全球变暖也会发生。这也是史蒂文·库宁在他最近的著作《悬而未决：气候科学告诉我们什么，它不告诉我们什么，以及它为什么重要》中所讨论的问题。然而，全球气温的升高并非渐进的而是迅速的，并与全球工业化的步伐高度相关。人们越来越意识到，必须立即改变活动模式，以避免可预测的最坏情况出现。企业股东、员工、客户和政府都在基于这一信念采取行动。一个转向低碳经济的时代正在到来。

碳排放与外部性

温室气体排放量的持续增加，将使气候越发不稳定，可能引发洪水，甚至毁灭某些社区，并造成饮用水的日益短缺，越来越多的人就此达成共识。即使我们现在改变生产生活方式，这些影响也会持续很长时间，因为改变气候环境就像掉转航空母舰一样困难且缓慢，而事实上前者还要更为困难、缓慢。改变全球文明过去250年的走向，将是人类从未完成过的壮举。

减少碳排放意味着改变数十亿人的行为习惯。碳氢化合物是迄今为止世界上主要的能源来源，而能源利用又是经济发展最重要的共性因素。随着人们生活水平的提高，对能源的需求也在不断增加，因此温室气体排放势必成为经济进步的副产品。我们如何在不影响经济进步的前提下减少排放呢？

简单的回答是，使用不会产生温室气体排放的替代能源，如太阳能、风能、地热能、潮汐能、水力发电和核能，这些都是我们现在可以使用的技术。替代能源的成本普遍比碳氢化合物能源要高，但随着应用规模的扩大和技术的进步，两者的成本差距会逐渐缩小。但是我们现有的很多技术是基于廉价的烃类基质，减少温室气体排放增量并实现碳中和，似乎会对经济产生极大的影响。

为什么烃类基质的成本比其他形式的能源更低？从经济学而不是物理学的角度更容易解释：历史上，温室气体的排放一直是免费的。对于地球来说，这是一种持续快速积累的环境成本，而排放温室气体的人却从来没有被要求为此付费。今天，当购买一台新电视时，你会支付一笔小额的回收费，以偿付处理废弃电视的成本，使塑料、电线和其他材料得到再利用，而不是单纯地把它们填埋起来。但对于汽车消耗一箱汽油或工厂燃烧一吨煤炭产生的排放，却很少有这样的回收费。实际上，我们一直都是直接将有毒废物排放到大气中的。

经济学家把这种漏洞称为"市场失灵"或"公地悲剧"。大多数人基于个人利益行事，但有时候其私人行为会对他人或整个社会产生负面影响。如果市场没有以某种方式强制这个人承担其行为的附加成本，以此来补偿他人，那么这个人就等于免费得到了某些东西。在任何时候，如果能通过只支付部分价值的手段来积累财富，那么你很可能根本不会放弃这种方式。毫无疑问，市场失灵的副作用往往不可持续。政府有时可以颁布法律法规来控制局面和减少副作用。

举个简单的例子。一位邻居在自己的车库里开了一个小吃店，竖起招牌招揽顾客购买薯条与冷饮，那么很快整个社区就会停满车辆，炸薯条的气味弥漫在空气中。接着，周围的房价就会下跌，而开小吃店的邻居却可以从自己的生意里赚得盆满钵满。这样一来，周边住户的财富就转移到了这位邻居身上。

我自己就经历过这种情况。当我们在渥太华郊区买下第一栋房子时，后院与一条未铺设的二级公路接壤。公路对面有牛在草地上栖息，每天早上我们都能欣赏到美景，尽管现在有人指出牛是温室气体的源头。我们房子后面的道路有一个小弯，那里的砾石路肩特别宽。一个星期六清晨，我从卧室的窗户往外看，看到一个卖炸薯条的小吃车停在那里。很快，空气中弥漫着炸薯条的香味，过往车辆时常会停下来品尝。虽然路过的肉汁乳酪薯条爱好者喜欢这种味道，但如果一整个周末都会闻到这种味道，那么他们还会这样想吗？

经济学家把这个故事中的副作用称为"外部性"，即市场价格中没有包含或"内部化"这种副作用。如果市场价格中包含了这种副作用，那么开小吃店的邻居（或卖炸薯条的车主）就要补偿邻居们的房屋价值损失，并提高薯条的价格。如此一来，人们很有可能就会因为薯条价格太贵而不再来小吃店了。这就是市场机制防止经济活动给无辜者带来负面影响的方法。显然，这将是一个复杂的市场系统。政府可能采取的调整方式是，对肉汁乳酪薯条生意征收足够的税，并将税收分配给受影响的邻居。一个更简单的选择是，政府可以立法禁止居民在家中或房屋后面的道路上做生意。这是一种解决外部性问题的更典型的非市场手段。

现在，让我们思考一下这个推理过程应该如何适用于温室气体排放和气候变化。人们开着汽车、烧着汽油，向大气中释放着各种形式的温室气体。而大气不为任何个体所拥有，它作为一种公共资源，属于整个社会；并且由于气流的存在，大气可以说是由全球公民所共有，而不仅属于某一地的居民。随着时间的推移，通过植物或者吃植物的动物释放到大气中的碳超过了地球的吸收能力，被释放的碳越来越多，地球的大气层吸收的太阳热量也越来越多，地球就变暖了。

从概念上讲，温室气体排放的外部性与炸薯条的气味、邻居小吃店对交通的影响没有什么不同。温室气体就像从油炸锅里排出的废气一样在大气中积累，然而没有人必须为释放这些排放物付出代价。既然大气属于分布在全球各地的 80 多亿人，那么人们究竟该如何团结起来，迫使温室气体排放者承担相关成本呢？这是市场失灵或公地悲剧的一个典型案例，当许多人共享一种资源而不必为此付费时，这种情况总是会出现。

不过，这种对气候变化驱动因素的描述过于简单化了。气候变化不仅是当下的问题，还具有深远的影响。马克·卡尼在 2021 年的著作《选择：如何为所有人建设一个更美好的世界》中解释说，真正的悲剧在于气候变化的灾难性影响不会在当代人的生命范围内被感受到。这大大弱化了当代人解决这个问题的动力。谁愿意承担永远看不见的成本呢？用卡尼的话来说，气候变化是"地平线悲剧"，而不仅仅是普通的"公地悲剧"。

碳排放标准、碳税与投资者行动

就像邻居卖炸薯条一样，想要鼓励人们去考虑由于自身行为产生的温室气体所带来的负面影响，最显而易见的方法就是对其产生的排放收费。就温室气体而言，这种方法非常容易实现。由于每一个使用化石燃料的人都必须首先购买化石燃料，因此我们只需要在定价时增加一项税收，用于控制温室气体的副作用即可。届时，人们将减少化石燃料的使用，而更环保的替代能源也就会显得相对便宜一些。司机会发现，驾驶电动汽车更为明智，使用公共交通工具出行似乎更省钱，等等。提高化石燃料的成本会降低需求，减少化石燃料的使用，从而减少温室气体的排放。因此有必要将价格提高到足以使化石燃料所产生的剩余碳排放减少到可以被地球吸收的程度。

当然，简单的经济理论，即使有自然母亲的支持，也往往不能很好地转化为简单的政治。政治周期从来都只有几年，社交媒体甚至会让政治周期看起来更短。地平线悲剧意味着，我们很难为这一对子孙后代产生重大影响的问题找到政治解决方案。

碳税的实施一直非常困难，这一点并不奇怪。在加拿大，联邦政府采取了极端的措施，从而使之变得容易接受。政府在收到资金之前，就将碳税收入退还给了普通民众。这种巧妙的结构既确保了碳税不会导致典型的家庭可支配收入减少，同时也能使化石燃料的价格变得相对昂贵，由此鼓励能源转型和减少碳排放。

尽管这项计划看起来不错，但也未能阻止由此产生的极富戏剧性且生死攸关的政治争议。该计划甚至引发了质疑，人们怀疑它是否真的会对消费者行为产生影响，因为如果政府在人们缴纳税款之前就将税款退还，那他们为什么还要做出改变呢？答案是，消费者可以通过减少使用被征税的汽油来节省更多的钱。归根结底，问题在于化石燃料的需求对价格的小幅上涨非常敏感。与此同时，碳税对温室气体排放大户会产生深远影响。由于此类政策的目标是减少温室气体排放，而不是让排放者彻底出局，因此降低碳排放大户的企业税，让其有能力投资减排技术，或许也是一个值得探索的有效途径。

许多人会争辩说，通过征收碳税来促进消费者减少排放的措施并没有抓住重点。如果总排放量（而非个人排放量）不减少，地球就不会变得更好。即使征收碳排放税可以减少每个人的排放量，但由于发展中经济体的人口增长或能源使用增加，总排放量可能会继续增长。人们也可能会逐渐调整自己的碳排放量，但速度没有那么快。因此，有人主张直接限制温室气体排放，要求大型工业排放者达成新的排放目标，如果没有达成这些目标就会被罚款。对于机动车也要实行更加严格的排放标准，但也许不必要求所有车辆都达到零排放那样极端的目标（比如电动汽车）。考虑到今天的混合动力汽车使用的化石燃料大约是标准内燃机的一半，如果所有的新车都是混合动力的，那么在保持现有能源基础设施不变的情况下，排放量将大幅减少。

碳排放法规的实施比碳税更为复杂，因为每一项法规都必须适应特定经济领域的特征。但这些法规会间接增加温室气体排放责任方的成本，因此对排放者行为的调整效果应当与碳税所设想的类似。碳排放法规的优点是，它使企业的收入保持不变，从而最大限度地提高其利用技术解决碳排放问题的财务能力。相比之下，碳税会导致企业快速失去可用现金，从而削弱其对投资于减排技术的能力，并可能使企业变得更加脆弱。

由于所有这些政策都是政治问题，即使有共同的目标，我们也可能在世界各地看到一系列不同的结果。这些差距将导致更大的商业风险。因此可能需要建立碳边境调节机制，调整贸易商品的价格并将商品的碳足迹作为考量因素，以此在国内外生产商之间建立公平的碳竞争环境。如果境外生产商不需要缴纳碳税，那么对国内企业征收碳税将使其处于竞争劣势。碳边境调节机制将像自动关税一样运作，随着外国生产商碳足迹的减少而逐渐下降。如果化石燃料的最终使用者需要支付与温室气体排放相关的成本，随着时间推移，经济活动将围绕低碳稳步调整。

从理论上说，不论是通过法规还是碳税来实现低碳经济其实没有什么区别。即使如此，这些政策也注定会在政治上引起争议，政治两极化使得在这些问题上达成共识越来越困难。在不同国家之间寻求共识可能更加困难，因此，向低碳经济转型的速度会比许多人预期的要慢。

在应对气候变化方面还有另一种行为调整渠道，即投资者渠道，这种渠道可能同样强大，而且不需要政府进行干预。

投资者已经开始公开反对碳排放，并在其投资组合中支持低碳企业。随着投资者开始规避高碳排放企业的证券，银行和其他贷款机构也会效仿以满足股东的要求，高碳排放企业将发现融资变得越来越困难。随着时间的推移，它们的贷款成本将更高，以弥补对环境变化造成的影响，这实际上就是经济学家所说的"风险溢价"。这些企业无论是从债券市场、股票市场还是直接从银行借款，都要支付这种风险溢价。因此，为了规避较高的资金成本，高碳排放企业必须投资碳减排技术，以减少碳排放量。否则，它们将因为缺少资金而被迫退出市场。

假设某一领域中有两家企业，一家有大量减少碳排放量的计划，而另一家没有，那么第二家企业最终将比第一家企业支付更多的运营资金。前者的运营成本虽然较高（与温室气体减排相关），但其融资成本较低。盈利能力虽然取决于企业的结构，但考虑到声誉本身的重要意义，第一家企业的股价或许会明显更高。

一些人抱怨这种市场机制，因为这意味着对传统的温室气体排放企业"关闭"资本市场。不过这一看法并不准确。如果企业继续产生过多的负面效应，市场就会迫使其支付更高的资金成本。因此企业有强烈的动机去纠正这些负面效应，并期待在纠正负面效应的同时以有效的方式保持盈利能力。它们可能采取的策略包括部署碳捕获技术，并在理论上将额外成本转嫁给客户，但实际上碳税是由企业而非政府征收的。

从理论上来看，这些措施听起来都不错，但一些观察者质疑这一机制是否真的能有效降低碳排放量，就像有人不相信碳税会影响人们的行为一样。一个更相关的问题是，投资者是否拥有足够的企业碳排放信息，以支持其做出明智的投资决定。因为企业报告往往冗长而复杂，而且投资者很难对不同企业的碳足迹进行比较。如果投资者自行或通过社交平台得出结论，认定某家企业是温室气体排放大户，而且很可能长期如此，那么该企业的股价可能会跌至零并立即陷入困境。若要管理这种风险，企业就必须全面公开其碳足迹以及减少碳排放的计划，以便投资者能够合理地调整投资组合。这样，温室气体排放量高的企业将以支付更高融资成本的方式纳税，并将有更强的动力去逐步进行改进，而不会在一夜之间破产。在金融稳定理事会主持下建立的气候相关财务信息披露工作组等倡议的目标，就是在一个标准化的国际框架内实现这种透明度。

从社会的角度来看，保证向绿色能源经济过渡的有序性非常重要。世界仍然高度依赖化石燃料，而且很可能要持续很长一段时间。如今，全球约80%的能源需求由化石燃料提供，这一比例与30年前大致相同。全球能源需求继续增长，为了适应这种增长，就需要对替代能源进行大量投资，同时保持化石燃料的使用量不变。社会不可能像一些理想主义者所倡导的那样，突然停止生产和使用化石燃料，那会给人们的生活水平带来创伤性后果。我们的目标是实现净零排放，即人类的碳排放量低到可以被地球吸收。而这可以通过多种方式实现，包括减少化石燃料的使用、投资绿色能源作为补偿、限制温室气体排放，以及种植更多的树木以帮助大自然吸收更多温室气体。

2016年的《巴黎协定》旨在为这一转变设定规划，其框架是将全球气温较工业化前水平升幅控制在2℃以内。气候变化专家声称，这要求全球在2050年前达到净零排放。《巴黎协定》寻求建立必要的国际协调机制，以防止一些国家逃避能源转型，而另一些国家不得不承担所有重担。整个世界都极为关注减少温室气体排放。

然而，与不采取行动的国家相比，个别率先采取行动的国家可能会使自己在全球市场上失去竞争力。某些国家，尤其是小国，很容易选择维持现状，理由是它们对全球碳排放的贡献微不足道——这是公地悲剧的完美例证。《巴黎协定》可能会成为一个重要的支持框架，虽然也会给各国带来来自其他国家行动的压力，但它不会成为推动机制。这是每个国家都在面临的政治挑战，会增加个人和企业未来的不确定性。许多可能实现净零排放的途径，如使用碳排放定价、监管和补贴的政策组合，都取决于政治。因此，这种转变将成为未来几年经济和金融不确定性的一个独立来源。

鉴于这种不确定性，投资者机制可能是最重要的，原因很简单，其运作不需要公共政策或政治共识的支持。越来越多的企业每年都会提供包含温室气体排放数据的可持续发展报告，还会制定有关碳足迹的目标，有些企业甚至将这些目标纳入高管薪酬激励机制。在这方面，制定到2050年实现净零排放的目标是好的，但必须转化为每年可衡量的进展。事实上，新冠疫情的暴发似乎加快了此类目标在企业界的部署。2020年，有数量惊人的企业做出了到2050年实现净零排放的承诺。这些承诺大多围绕范围1，即由企业直接控制的碳排放，也有一些承诺延伸到了范围2，即企业使用的电力产生的间接碳排放，还有一些企业承诺实现净零排放，包括消费者使用企业产品产生的碳排放，即范围3。虽然2050年离我们只有不到30年的时间，但这足以让人们相信这些目标是可以实现的。

没有政府要求企业做到这一点，我们所看到的进展证明了投资者的力量。气候相关财务信息披露工作组（TCFD）的建议在其中发挥了关键作用，目前已得到全球约1 500个组织的支持。

即使如此，投资者机制仍尚未得到充分理解，尤其是尚未被散户投资者理解。媒体报道中提到，在向低碳经济转型的过程中，一些企业资产可能会"搁浅"。绿色的投资决策意味着传统化石燃料行业的所有企业都将消失。但这在实际上是不太可能的，因为开发替代能源需要时间，同时市场还要适应全球能源需求的持续增加。

此外，我们在实现净零排放时并不排斥继续使用化石燃料，无论是用于燃烧还是用于石化工业中各种材料的生产。有了足够的透明度，投资者就能够看到哪些企业生产的能源碳足迹最多，并对其施以最严厉的惩罚。随着世界减少对石油的依赖，碳排放最多的生产者将首先停止生产。生产和提炼最终燃料方面的温室气体排放，是实现节能减排的一个巨大隐藏空间。投资者要求减少碳排放所施加的压力，为成为最高效化石燃料能源供应商的激烈竞争创造了条件。仅依靠这种方式就可以解决大部分全球温室气体排放方面的问题，而且它与化石燃料作为能源的实际使用是完全分开的。

企业适应变化的另一种方式是在主业之外发展绿色互补业务，这样就会使其整体业务更有吸引力。随着时间的推移，非绿色业务逐渐减少，企业可以逐渐扩大更环保的业务，以适应未来向温室气体净零排放的全面过渡。例如，英国石油公司宣布将开发可再生能源项目，使其业务组合向绿色环保方向倾斜。由于这一领域已经被专业的可再生能源公司占据，英国石油公司的股东将会追问，该公司能否比专业的可再生能源公司在这一领域创造出更多的价值。

混合模式也可能对加拿大的油砂生产商有所帮助，尽管这些生产商多年来已经大幅减少了温室气体排放量，但它们仍以温室气体排放量大而闻名。将原始沥青转化为可用的形式需要某种能源，成本低廉且丰富的天然气一直被视为最佳选择。但是，如果将油砂生产与绿色能源（如水电、核能、绿色氢能或结合碳捕集技术的天然气）结合起来，将大大减少与石油生产相关的温室气体排放量。这些企业在萃取效率方面也取得了重大进展，例如，使用更少量的蒸汽配合化学稀释剂进行萃取。与30年前相比，情况已经发生了巨大变化，这使得这些企业在未来30年可以实现净零排放的说法更加可信。

即使作为运输能源的化石燃料的使用量在稳步下降，石油和天然气在其他领域的使用量也可能会继续增长。今天，全球约80%的石油被提炼成汽油、柴油和航空燃料等运输燃料。随着时间的推移，这些碳排放密集型行业的燃料使用可能会减少，至少在总能源使用中所占的份额会下降。然而另外20%的石油被用于其他更广泛的用途，包括制造塑料、合成物、蜡、沥青和其他化学产品等。人们仍需要使用沥青瓦铺设道路，需要使用沥青瓦、乙烯基窗户和墙板来建造房屋，需要制造服装的合成纤维，需要制造汽车、飞机机翼和宇宙飞船的塑料部件。因此，碳排放量较低的石油生产商，以及向制造商和终端使用者交付这些产品的企业，可能会在很长一段时间内保持增长，时间肯定会晚于2050年。例如，加拿大生产的重质油就是这样的产品。

一些人可能认为，这里对石油业务前景的预期过于乐观。时间会证明一切，但为了提供有效的参考，不妨看看全球烟草业。它不仅是碳排放的重要来源，而且每年造成约800万人死亡。根据世界卫生组织的数据，全球每年消费约6万亿支香烟，产生约260万吨二氧化碳和超过500万吨甲烷。除此之外，随意丢弃的数万亿支不可生物降解的以醋酸纤维素为原料的香烟过滤嘴也是地球上一次性塑料的最大来源。在这个领域，一个小小的观念转变都会起到很大作用。就温室气体排放量而言，与机动车相比，吸烟是一个很小的因素；机动车每年排放25亿吨二氧化碳,是吸烟者排放量的1 000倍。事实是,尽管投资者多年来一直回避烟草企业的股票,但前三大烟草企业的总市值仍然超过3 000亿美元。相比之下,石油企业正积极推动社会向净零排放过渡。当然,随着时间的推移,金融市场会认识到这一点,并相应地对这些企业进行估值。

显然,这一领域有许多种可能的未来,但每一种都取决于政治,而政治则因国家而异。这一切都给个人和企业带来了更大的不确定性。如果广泛征收碳税在政治上仍然具有挑战性,那么各国政府至少可以把重点放在气候可持续性基础设施的建设上,包括围绕企业信息披露制定国际规则并帮助建立全球范围的碳交易体系。这样一来,世界各地均可实现碳减排,而不仅限于发达经济体。换句话说,如果一家企业放弃燃煤发电,转而使用天然气,那么即使这家企业继续大量使用化石燃料,也应当有一个让它为此获得奖励的机制。一个真正的全球碳交易中心恰恰会促进这一点的发展,因为寻求让自身更绿的企业会购买碳信用,而已经减少碳排放量的企业会出售自己的碳信用。

气候变化已经造成了极端的、不可预测的天气事件,给个人、企业、金融机构和政府带来了经济和金融后果。即使立即采取限制温室气体排放的补救措施,在未来30年里,气候变化也将导致生存环境越来越差。这会引起粮食和水资源短缺、大规模移民以及发达经济体政治不稳定等方面的重大风险。这是一种能够改变一切的构造力。

气候变化所产生的力量,将不可避免地被政治化。其他构造力也会被政治化,但与气候变化相关的政治可能是极其充满敌意的,它会分裂曾经稳定的选区。世界上有太多的输家、赢家和怀疑者。气候变化源于制度未能捕捉到的自利行为,鉴于这本身是一个集体问题,因此必须用集体回应（也就是政治）来推动其向前发展。应对气候变化必然是一个政治问题，这也使得它成为未来经济不确定性的重要来源之一。

即使前进的方向是明确的，强制实施能源结构转型以到2050年实现净零排放也将带来更多的不确定性。鉴于实现净零排放有许多不同的途径，应对气候变化的政策很可能是未来不确定性增加（而不是减少）的一个来源。向温室气体排放全面定价的转变意味着相对价格的变化，这既可能重塑也可能摧毁整个商业模式。

很难说政府能否在气候变化问题上采取统一的方法，因为政治始终是政治。即使政府失败了，投资者也已经通过投资组合表明了自己的态度，而且这一趋势将继续下去，导致资本配置的深刻变化、商业中断，并造成资产"搁浅"。

作为一个政策问题，强调碳捕获和碳封存的技术解决方案似乎是平衡全球绿色愿景和碳排放的最佳方式。增收碳排放税显然是一条可行的途径。政府可以最大限度地提高灵活度，在规范排放量的同时，鼓励开发直接从空气中去除碳并将其埋藏的技术，所发挥的作用正好与采矿相反。如今，在一些城市，城市垃圾的甲烷排放正在被捕获并输送到天然气系统中。在这个想法的基础上，将城市垃圾转化为氢或其他可储存的能源，同时捕获、存储或再利用碳，将具有相当可观的前景。

这种循环技术将真正解放社会。想象一下，人们可以完全没有负罪感地使用一次性塑料，因为塑料能在当地的垃圾填埋场可靠地转化为清洁能源。为了自己和子孙后代，我们有责任找到创新的方法，继续利用地球的自然资源财富，同时保护世界免受进一步气候变化的影响。考虑到全球变暖不可避免，立即减少排放量，同时继续开发新的碳捕获技术，似乎是管理气候变化风险的最佳方式。

  显然，气候变化这一构造力本身就构成了一项令人生畏的挑战。然而不可避免的是，它将与前面章节中讨论的其他构造力发生碰撞，导致显著的经济波动和未来的不确定性。

第七章

相互作用的经济构造力意味着世界更具风险

追忆：生活中的岔路口

当你思考，一个人的生活可以有多少条可能的道路时，你就会发现自己所处的位置非常了不起。比方说，从高中到现在你做了多少决定？如果你在过去 20 年的人生岔路上做了不同的选择，那么今日你会在哪里？这个想象中的场景与你的现状之间的差异可能是很大的，你可能身处不同的城市、从事不同的职业、有着不同的伴侣、有或没有孩子等。随着时间推移，一连串的随机事件累积了大量的不确定性。今日的我们基本上是所有过往决定和相关经验的总和，它们使我们成为独特的个体。

正如尤吉·贝拉曾经说过的，"当你遇到一个好的机遇，请把握住"。在女王大学学习的时候，我碰巧遇到了一个人，他建议我去学经济学，如果我没有遇到那个人，那么我可能会选择另一门数学课程而不是经济学课程，然后按计划进入医学院，最后在家乡奥沙瓦附近行医。这条道路和今天的结果之间存在的不确定性是无法衡量的。

这个简单的思想试验说明了本书的一个重要前提：就像我们的生

活一样，处于动态变化的力量往往会随波逐流，而从不会沿着直线行进。一路上有许多随机因素介入，随着时间的推移，不确定性不断增加。从今天来看，五年或十年后我们会在哪里有着极大的不确定性，不论事情的结局是什么，对每个人来说也都是独一无二的。这完美地展示了混沌理论或蝴蝶效应，这一点对于我们理解在不久的将来要面临的不断上升的风险至关重要。

多年来，全球股市一直弥漫着乐观情绪，科技进步也助推了这种情绪。这种繁荣的景象还没有结束，投资者将大量资金投入通信系统、运输技术和制造业的创新研究中。新的支付方式正在颠覆旧的支付方式。一个新的时代开始了。

但是在"黑色星期五"，转变发生了。在真正的经济增长浪潮背后，隐藏着一大批几乎不加掩饰的骗子，吸引着那些因担心错失良机而肆无忌惮的投资者。在市场一片混乱的情况下，发现其中的一个漏洞就足以迅速扭转市场情绪。那个星期五上午股市崩盘，交易所超过一半的股票市值蒸发，超过 100 家金融机构陷入破产。股市在下午早些时候就关闭了，随之而来的是一场持续了大约 20 年的经济萧条。各国政府通过征收关税来保护本国经济。

那场恐慌始于 1873 年 5 月 9 日星期五，奥匈帝国的首都维也纳，人们普遍认为这是 1873 年"长期萧条"（或称"维多利亚大萧条"）的催化剂。在随后的几周里，信贷枯竭，猜疑加剧，更多的投资者退出，更多的企业破产。在这段时间，恐慌的蔓延速度较慢，但在接下来的几个月里，恐慌蔓延到其他中心城市，包括伦敦、柏林和纽约。当年 9 月，纽约证券交易所闭市十天。

尽管 1873 年的恐慌明显导致了维多利亚大萧条，但将这段时期描述为典型的"繁荣—萧条"周期，认为投资者只是失去了勇气,未免过于简单。经济历史学家确实指出,经济在衰退之前会出现繁荣景象,他们常用的例证是铁路行业的过度投资。但他们也指出,支付系统出现了重大转变。德意志帝国于1871年停止铸造银币,并于1873年7月改用完全基于黄金的支付系统。一只蝴蝶扇动了翅膀。

德国这一看似无害的决定在世界各地引发了连锁反应,并产生了重大后果。包括美国在内的其他国家效仿德国实行金本位制,放弃了以白银作为支付手段的做法。全球货币供应收缩,利率被推高,导致负债累累的农民和铁路公司违约,银行和其他投资者也被拖下水。这种叙述清楚地表明,恐慌的出现不仅仅是由于投资者对维也纳失去信心,同时解释了这种恐慌是如何在国际上传播的。

我还会根据构造力给出更深层次的解释。在1873年恐慌发生之前,世界正在经历一场剧烈的构造变化。第一次工业革命是人类自涉足农业以来的第一次巨大飞跃。北美洲的殖民化带来了可耕地、木材、金属、矿产等令人难以置信的丰富的新资源,再加上蒸汽机的使用,极大地提高了全球的供应能力。简言之,劳动生产率出现了前所未有的飙升。

正如第三章所讨论的,全球供应的增加和劳动生产率的提高使包括食品、布料和其他制成品在内的一系列商品的价格下降。许多人在此过程中失去了工作,特别是在老牌欧洲经济体中,从而加剧了供求失衡。资本家和铁路大亨攫取了第一次工业革命的战利品,而工人要么失业,要么在新工厂里为了低薪而长时间工作。换句话说,收入不平等不断加剧。

与此同时,商品价格下跌对于那些债务未清、适应新技术速度较慢的企业来说就是一剂毒药,致使其信誉下降,进一步催化了投资者的怀疑情绪。技术进步、收入不平等加剧和债务上升这三种构造力之间的碰撞，为经济和金融动荡的爆发奠定了基础。

当时所需要的只是引发这场震荡的催化剂，而俾斯麦政府不得不这么做。德国从双金属支付标准转向单金属支付标准，这一举措本身可能就值得被贴上"构造"的标签。事实证明，此举在国际上具有高度传播性，导致黄金短缺，进而使得货币短缺。正当全球经济经历商品供应的大规模增长，需要更多的货币供应来促进不断增长的交易量时，全球货币供应量被彻底削减了。突然间，钱变得太少，商品却太多，通货紧缩开始了。这些因素交织在一起，造成的结果就是"完美"的经济衰退。

维多利亚时期的经济萧条完美地展示了构造力是如何相互作用并引发了意想不到的经济和金融波动的。这不仅仅是市场波动意义上的波动，而是一种真正的异常现象。这是一起"黑天鹅"事件，让人们很多年都生活在极度痛苦中，这种痛苦与我们所观察到的对经济的干扰完全不成比例。维多利亚时期的经济萧条永久地提高了我们对未来的集体不确定感。

理解不确定性

个人和企业每天都面临着无法估量的不确定性。不确定性一直是实用经济学的关键部分，因为它研究的是个人和企业行为。经济学家总是试图通过基于个人行为的宏观经济学来捕捉总体行为的广泛变化。我们对特定情况的反应可能不同，但我们如果把每个人的反应加在一起，就可以定义所有人的"平均"反应。我们承认，平均是一个受不确定性影响的统计概念，换句话说，通常在面对某种情况时，人作为一个群体会有某种反应，但群体中的每个个体的反应都会略有不同。宏观经济学既不是机械的，也不是精确的，而是对典型或平均的人类经济行为的合理近似描述。

经济学中一个流行的概念是标准或"正态"统计分布，通常被称为"钟形曲线"。正态分布描绘了与每个可能结果相关的概率，最有可能的结果在中心，即钟形的顶部，这里通常被称为"平均值"，即你所期望的结果。也许在大学里你听说过教授用钟形曲线来决定成绩。因为考试的难度不同，教授的评分也不同，所以大学可能希望教授让所有班级的平均分都一样，比如70%。如果一个班级的平均分是65%，那就说明这个班级的考试更难，或者打分更严格，所以只有当每个学生的分数都提高5%时，这个班级的平均分才能和其他班级的平均分一样。钟形曲线的其余部分代表所有其他可能的结果，距离平均值越远，出现对应结果的概率越低。一个学生达到100%的概率很低，更高的概率是80%，最高的概率是达到平均的70%。

基于这种可能结果的分布，我们可以用数学来计算发生特定可能性的风险或概率。如果我们相信自己知道结果的统计分布是什么样的，就可以衡量相关风险，假设未来的平均结果分布与过去是一样的。顶部宽而平坦的钟形曲线表明平均结果出现的概率仍然最高，但没有那么高，因为较高和较低结果出现的概率都很大。然而，假设明天会再次出现平均结果是有风险的。

纳西姆·尼古拉斯·塔勒布在其著作《黑天鹅》中称，一直流行的钟形曲线极具误导性，因为它给出了对风险概念的错误理解。当人们想到钟形曲线描述的平均值时，他们往往不会考虑那些远离平均值、在平均值的左边或右边或在曲线尾部的各种极不可能的结果。不幸的是，这些不太可能发生的"尾部风险"事件在历史上随处可见，人们几乎从来没有为它们做好充分的准备，因为人们觉得发生这些情况的概率极低。塔勒布称钟形曲线是"巨大的智力欺诈"，如他所说，钟形曲线被那些穿着深色西装，以一种无聊的方式谈论货币的监管者和央行行长当作风险衡量工具。好吧，是我的错。

我们对经济学中不确定性的理解，在很大程度上是建立在美国经济学家富兰克·奈特的思想之上的。奈特用"风险"一词来描述可以计算或测量特定结果概率的情况。例如，经济学家可能使用模型来确定一年后有 30% 的概率出现经济衰退。然而，当由于这样或那样的原因而无法计算概率时，不确定性是如此之大，以至于无法用经济模型来描述，也无法用平均历史行为或钟形曲线来得出近似结果。无法测量的不确定性不被认为是"风险"，而被认为是"奈特不确定性"。

数据相关性与经济模型

经济模型依赖于数据中的相关性，即通过变量之间有规律的联系进行预测。例如，消费者支出与消费者收入正相关，当收入增加时，支出也会增加。这种相关性并不完美，因为平均而言，人们总会将一些收入储蓄起来，而且储蓄的量因个人和潜在情况而异。

再粗心的观察者都能发现，相关性并不一定意味着因果关系，总有其他原因导致两件事同时发生。这就是经济理论的重要之处。经济学家基于一个严密的理论进行预测，这基本上是去定义因果关系应如何在经济统计数据中表现出来。如果统计数据中的相关性与理论一致，那么经济学家就有一定的信心认为想象中的关系是可靠的，并利用其预测未来。这些关系被统称为"模型"。

在大多数情况下，这些关系不是简单的二元关系，例如，当一个上升时，另一个通常会下降。事实是，通常来说好几件事情会同时发生。一个变量的走势（比如汇率）取决于其他几个变量的走势，而不仅仅是其中的一个。依赖于对汇率与另一个经济变量之间的历史相关性进行分析的分析师将发现，这种相关性并不一直有效。当这种相关性与现实不匹配时，可能是因为其他变量取代了影响汇率的主导因素。然后，经济学家和媒体会普遍解释，通常的相关性是如何被"打破"并被"新理论"取代的。但新理论终有一天也会失效，因为其所应用的框架还不完整。

哪些相关性最重要，哪些相关性可以用于预测，这些问题几乎总是多维的，而且用起来比听起来要困难得多。例如，买房取决于一个人的收入水平，收入越高，买房而不租房的倾向就越高。同时，由于买房通常需要借钱，利率也会影响购房决策。利率高时，同样的房屋需要支付的按揭贷款利率也会更高。低利率往往会刺激房市，高利率则让人望而却步。

现在，假设我们观察到房屋销售数量与利率都在上升，那么该如何理解这种常规相关性的逆转呢？我们将会抛开简单的相关性，转而采用一个更复杂的模型；我们会意识到房屋销售不仅受利率影响，还受收入驱动。如果收入增加，即使利率上升，房屋销量也会增加。但这时销售量的增加幅度将低于利率在保持低位时的增加幅度。要直观地理解这一点，需要想象一下如果利率没有上升，房屋销售会是什么样子，通常销售会更强劲，然后再把加息的影响作为一个单独的影响因素来理解。这一思维过程要求观察者运用反事实思维，而这是很难做到的。人们总是很自然地用简单的双变量相关性来思考。经济学家使用统计技术来整理数据中这些驱动因素的相对重要性，基本上会考虑到两个或两个以上事件同时发生的可能性。

这只是一个简单的房屋销售模型。经济学家建立的整体经济模型包括出口、进口、消费者支出、企业投资支出、政府支出、汇率、长期利率等多种要素的统计学关系，其中的每一个要素都与许多其他要素相互作用。随着模型变得越来越完整，它就像经济一样变得越来越复杂。此时，就再也不能预测现实世界中可以观察到相关性，也很难理解所观察到的相关性。该模型只能用于模拟历史，以及进行揭示其特性的试验。模型的某些部分（比如住房）可能很好地解释了历史，而其他部分（比如商业投资）的效果就没那么好了。经济学家会说，因为他们的模型不太可能复制历史，所以有的相关关系会具有更大的不确定性。然而必须所有因素共同作用，才能产生我们想要了解的变量，比如总体经济增长或通货膨胀。

一个模型对经济增长或通货膨胀的预测包含了描述经济各个部分的多重关系的所有不确定性。这种复杂的不确定性被称为"模型的不确定性"，它是我们在做经济决策时对所承担风险的最全面的衡量。

不过，这并不是经济学中不确定性的唯一来源。普通的衡量问题也会增加不确定性。经济学模型中的一些重要概念在理论上非常清晰，但在实践中却模糊不清。一个例子是，经济中生产商品和服务的能力往往取决于企业的生产能力和劳动力供给；另一个例子是前面讨论过的自然利率或均衡利率。

坦率地说，经济学家必须承认，衡量这些要素时的不确定性将直接影响模型经济的复杂性，并放大其对经济增长、通货膨胀、利率等基础变量预测的不确定性。当存在非常大的不确定性时，经济学家会对这些变量进行一系列假设，生成多个预测结果，用概率云图的方式表示未来各种可能的结果。

蝴蝶效应、"黑天鹅"事件与混沌理论

如果说实证经济学看起来颇具挑战性，那么预测天气似乎就更难了。任何时候都有太多的变量在起作用，因为天气本身是动态的，每时每刻都在变化。部分问题在于，尽管天气是一套物理系统，而不是经济学中的行为关系或社会关系，但对天气现象的预测通常比经济预测更不精确。

爱德华·洛伦茨在20世纪60年代初第一个观察到天气现象可能是混沌的，在数学上是不可预测的，因为天气对初始条件非常敏感，而这些条件通常很难被精准测量。洛伦茨致力于气象模型的开发，并在1972年的一项研究中首次谈到了蝴蝶效应。根据他的理论，一只在巴西扇动翅膀的蝴蝶可能会引发一系列的后果，这些后果会随着时间的推移而扩大，最终在美国得克萨斯州引发一场龙卷风。换句话说，初始条件的微小变化，或者测量初始条件的微小误差，都可能对天气预报产生重大影响。

如今，天气预报需要模拟许多初始条件有微小变化的天气模型，以创建多个预报，然后计算其平均值，为天气预报应用程序提供信息。这降低了初始点测量误差对天气预报最终结果的重要性。近年来，做天气预报的工作人员在这方面做得非常好，每小时的预报与实际情况非常接近。

数学家的研究表明，任何具有复杂相互作用的动力系统，特别是具有一些非线性元素的系统，都可能产生混沌结果。所谓混沌结果指的是，人们无法预测这种特定的动因组合可能会产生什么结果，且这种结果本质上是随机的。如果我们在未来某个时刻重现同样的情境，可能会产生完全不同的结果。即使这些动因是完全机械且确定的，在数学上也依旧无法预测。这一概念可以直接适用于对天气与经济进行预测，因为两者都用数学关系建模，且其中许多关系是非线性的。如果一只蝴蝶可以改变天气，那么想象一下经济构造力的合力会对经济产生什么影响。

人口老龄化、技术进步、收入不平等加剧、债务增长以及气候变化，这五种构造力描述起来相对简单，但其造成的后果却是复杂的。从理论上讲，当这些力量同时发生变化时，它们之间的相互作用就可能给全球经济带来混乱或无法解释的结果。换句话说，考虑到我们今天观察到的情况和我们创建的模型，未来经济增长、通货膨胀或利率的实际读数可能是难以解释的。在理论上，这种不确定性的程度无法计算，因此应当将其视为奈特不确定性。对于个体来说，这意味着与普通决策相关的经济风险在未来会更高。

塔勒布的"黑天鹅"概念与这种不确定性概念密切相关。在塔勒布的描述中，一起从未发生过的事件发生了，整个世界就会因此发生变化。互联网诞生了，世界从此改变；两架飞机撞上了纽约世贸中心大楼，世界从此改变；美国房地产市场崩溃，引发了全球金融危机，世界从此改变。在此类事件发生后，人们可以为飞机坠毁或房地产市场崩溃找到合理的解释，在许多观察人士看来，这些事件本应是可预见的，至少是专家可预见的。"黑天鹅"事件的发生意味着，今后我们再也不会在面对同类事件时手足无措了。

塔勒布是正确的。总有重大风险和机遇隐藏在"黑天鹅"事件背后，这些事件将重新定义我们对风险的认知。但在一个构造力不断变化和摩擦的世界里，这不仅仅是个不可预测的尾部风险问题。对于不可预见的经济和金融事件，一个更有吸引力的解释是，世界的复杂性以及作用于它的各种力量，肯定会时不时地导致混乱的结果。此外，随着时间的推移，这些力量变得越来越强大，平均而言，我们将经历更多的经济金融波动。无法解释的事件看起来好似"黑天鹅"，但它其实是我们环境日益复杂的自然产物。如果说这本书点明了一件事，那就是，我们所面临的不断上升的风险正处于钟形曲线的中间位置。我们可以肯定的是，即使事件本身不可预测，我们也能知道更大的波动性即将到来。

这不是通常意义上的经济预测。我并不是把数据输入一个模型，看它能预测什么。这是一个更深层次的推理，一个基于数学的逻辑结论。未来，不断加剧的构造力的相互作用将给全球经济带来混乱。因此，我们基于统计平均值对经济的理解将变得不那么可靠，并蕴含更多的风险。我们的经济决策必然会变得更加模糊，我们也会更容易犯错，并且更容易因糟糕的决策而遭受不利后果。

正如世界经济论坛的克劳斯·施瓦布和蒂埃里·马勒雷在2020年出版的《后疫情时代：大重构》一书中所言，最能概括21世纪的一个词是"相互依存"，相互依存是全球化和技术进步的副产品。更强的相互依存意味着更多的经济活动专业化和跨境贸易机会，复杂的全球供应链是这一必然结果的一部分。但这种程度的相互依存也使得经济体更容易受到连锁冲击的影响。因此，不管潜在的干扰如何，不同经济体都会变得更加同步。

为了说明这一点，请考虑新型冠状病毒在世界各地的传播速度，以及如今比二三十年前要普遍得多的国际旅行。在近年来的一项研究中，马克斯·罗泽收集了联合国世界旅游组织关于全球旅游业的数据，数据显示，1980年有2.78亿国际游客，2018年有14亿国际游客，游客量在30多年时间增长了500%。这不仅仅是旅游业的增长，也是商业全球化的绝佳象征，而这一增长发生在全球人口增长了约70%的时期。随着人们的活动比以往任何时候都多，任何新病毒都更有可能在全球传播。施瓦布和马勒雷令人信服地指出，疫情的冲击将在未来很长一段时间产生影响，加剧政治经济的不稳定。然而，我认为，即使疫情从未发生，未来世界的风险也会不断攀升。

政治与地缘政治

构造力会相互作用。对个人和企业而言，波动性增大的后果将不可避免地把政治因素牵扯进来，为所有经济问题再增加一层不确定性。即使政府的政策是出于善意，但在将政治因素纳入考量时，也不得不做出妥协，并可能对商业环境产生意想不到的后果。即使政策没有带来不利影响，政府如何处理特定问题的不确定性，也可能是商业决策的重大障碍。在当今高度依存的世界中，一国的政治局势紧张可能波及全球地缘政治，甚至将新的不确定性带到每个人的餐桌。近年来，我们在国际贸易领域看到的正是这种机制。日益加剧的收入不平等在美国引发了不满，并导致了武断的贸易限制政策出台，这种贸易限制对世界各地产生了重要影响。

同样，气候变化与持续的人口增长的碰撞，似乎必然会使水资源成为未来地缘政治动荡的根源。世界卫生组织预计，到2025年，世界上大约一半的人口将生活在水资源匮乏的地区。最重要的是，向低碳经济的转型可能会消耗大量水资源。氢常被吹捧为最环保的燃料，但生产氢往往需要淡水；电动汽车使用的电池由锂制成，而锂的生产需要消耗大量的水；核能需要使用大量的水，地热能也是。简言之，水资源压力可能会在全球经济中引发重大的震动性事件，包括人类灾难、大规模人口迁移，甚至是一场战争。

构造力之间的相互作用，为历史上的重大危机提供了更连贯的解释。维多利亚大萧条和1929年的经济大萧条都是重大技术浪潮、收入不平等加剧和债务增长相互作用的产物。这些因素也为1997年的亚洲金融危机奠定了基础，而这场金融危机又波及了拉丁美洲和俄罗斯。随后，构造力继续发挥作用，为全球金融危机创造了先决条件。

第四次工业革命正在进行中，并可能因全球疫情而加速。再加上人口老龄化、收入不平等加剧、债务增长和气候变化等因素，我们已经具备了在不久的将来发生更多经济金融震荡的所有必要条件。在种种构造力中，有不少将会引发政治辩论、折中政策和政策的意外转变，从而给经济前景增加另一层风险。在这些条件下，像19世纪晚期那样的危机很有可能再次发生。然而，正如一系列较小但严重的地震并不等同于灾难性的地震，对风险增多的预测并不等同于预测到一场危机的来临。

实际上，未来更高的风险意味着更频繁的衰退和失业率的上升，但同样地，经济繁荣也会更频繁，当然偶尔也会出现通货膨胀。有利率极低的时期，也有利率出人意料的极高的时期。股市会大幅波动，既会下跌也会上涨，房价亦然。包括石油在内的原材料价格波动更大，这将从人们居住地的加油站反映出来。所有这些都意味着，不论是扩大业务规模抑或是短期或长期续贷抵押贷款等任何具体的经济决策，都可能被证明是错误的。

五大构造力不仅在发挥越来越大的作用，而且它们可以相互强化，在经济中制造更大的动荡。人口老龄化意味着低甚至可能是非常低的利率，这会不可避免地导致债务上升速度加快。气候变化导致投资者在为那些不够环保的企业提供资本时要求获得风险溢价，而未来的商业环境突然变成了一块政治上的烫手山芋。技术进步取代了工人，加剧了收入不平等，并导致政府以意想不到的方式进行干预。这就是为什么未来的不确定性会让财务决策变得更加困难。

　　构造力在发挥作用，并且已经在全球经济中造成越来越大的波动。

第八章

实时风险管理：
以新冠疫情为例

追忆：回家

经过各种有趣和有益的人生抉择，在离开加拿大中央银行 18 年之后，我以行长的身份又回到了那里。其中一个重要的抉择是去加拿大出口发展公司工作，我在那里的董事会中度过了一段宝贵的时光，对经济如何运作有了基本的了解，而这些是无法通过研读经济类文章、模型和数据来实现的。在接下来的七年里，这些经验在几起事件中被证明具有极大的价值，在 2020 年新冠疫情暴发初期，这些经验更显得特别重要。

2013 年 5 月初，我正式被任命为行长，那是一个适合散步的好日子，而这是加拿大中央银行的传统。财政部长（吉姆·弗莱厄蒂，现已去世）和即将离任的行长（马克·卡尼）与我一同沿着渥太华的惠灵顿街走到国家新闻大楼，记者和摄影师则在人行道上争相为我们三人拍摄完美的照片。有那么一会儿，交通停滞，到处都站满了摄影师，就在我准备开始向前走时，弗莱厄蒂伸出手来阻止我，压低声音说："斯蒂芬，现在可不是被车撞到的好时机。"在新闻大厅，我们三个人召开了一场即兴的新闻发布会。

那天早些时候，我悄悄从出口发展公司的办公室溜走，只告诉行政助理我有一个外部预约。我是在路边被接走的，之后从地下室秘密进入了加拿大中央银行大楼，那里能停几辆车，还有卸货区供卡车送货。卡尼行长在卸货区等着我，他一边和我握手，一边大声说："斯蒂芬，欢迎回家！"对于一个来自奥沙瓦的孩子来说，这是一个特殊的时刻——真正的回家。

但一个月后，我首次上班的那天无疑才是最难忘的。首先，卡尼行长在书桌抽屉里给我留下了一张漂亮的手写便条，我至今依然保留着它。接下来，我说服相关负责人，把20世纪30年代加拿大央行首任行长格雷厄姆·托沃斯的桌子从仓库搬出来，送到我的办公室供我使用。我非常重视传统，在参观约翰·克罗和戈登·泰森的行长办公室时，我就能想象出托沃斯的这张桌子。我答应过要把它当作文物来对待。接下来我与弗莱厄蒂部长在哈珀总理的办公室会了面。当我回到办公室时，货币部门的负责人拿着一张特殊的纸和一支特殊的黑色笔等在那里，他们说："行长，我需要您的签名。"

大约40年前，在第一次梦想管理加拿大中央银行时，我就想象过这一刻。对于一个货币经济学家来说，没有什么事情比让自己的签名出现在加拿大人口袋里的钞票上更特别的了。这张特殊的纸上有十个方框可以供我签名，我的想法是签十次，然后选择自己最喜欢的签名出现在加拿大的钞票上。

我提起笔时想到自己应该提醒他们我的这个酝酿已久的计划。"我要提一下，"我说，"我打算签上我的全名，Stephen S. Poloz。"我发现以前的行长只是用他们的首字母加姓氏签名。

"哦，行长，可能不行。传统来说，纸币上的签名只有首字母。"

我告诉他们自己了解这个传统，但还是决定做一些与众不同的事情。我的名字斯蒂芬也是我母亲的姓氏。但还有一个更深层的故事。我母亲是乔治·斯蒂芬的远房亲戚，乔治·斯蒂芬在1876—1881年担任蒙特利尔银行行长。他后来负责修建的跨加拿大铁路，将我们的国家联系在一起，他成为加拿大太平洋铁路公司的第一任总裁。在1935年加拿大银行成立之前，蒙特利尔银行是加拿大政府的银行，这意味着我和老"乔治叔叔"之间也有一个中央银行的联系。出于这些原因，我想把斯蒂芬和波洛兹这两个姓氏都写在钞票上，而这就是我签名。

在第一次会议上，我问大家，我们什么时候才能给钞票印上一位具有代表性的加拿大女性。遗憾的是，在我担任行长的七年内，不可能实现这一目标。我对这一点很不满意，并把制造一张印有加拿大代表女性的纸币作为我的个人使命。我们的第一个机会来了，当时我们决定在2017年发行一套纪念加拿大建国150周年的特别钞票，其中包括了一款印有第一位当选为众议院议员的女性阿格尼斯·麦克菲尔形象的钞票。随后，我们启动了更新一张普通钞票（而非整个系列）的程序，并让加拿大民众参与提名出现在钞票上的候选人。最后，财政部长比尔·莫诺选择了维奥拉·戴斯蒙德，她的肖像采用了全新的垂直设计，钞票的背面印的是加拿大人权博物馆。我们都为这一成就感到无比自豪，尤其是在2013年时，我们还认为这是一件在21世纪前20年不可能实现的事情。

另一件在2013年时看起来似乎不可能的事情是，世界经济有一天可能会因为全球性的疫情而几乎完全停滞。如果说2008年的全球金融危机改变了我们的某些经济基础，使未来变得难以预测，那么新冠疫情危机要严重得多。这是对我毕生所学的考验。

2020年的事件完美地说明了第七章中提出的各种力量相互依存的观点。新冠疫情不能被视为传统意义上的"黑天鹅"事件，因为流行病学家长期以来一直在预测，终有一天会发生这样的大型流行病。病毒可能突变并快速传播，这是肯定会发生的，就像地球构造板块不可避免地运动一样。全球经济一体化的程度几乎保证了这种突变的病毒一定会在全球蔓延。毫无疑问，新冠疫情重新定义了世界的稳定状态，并在此过程中改变我们对"正常"的定义。"疫情蝴蝶"扇动翅膀后，复杂而超大规模的经济和金融波动是一个很好的例子，说明了各种力量是如何相互作用，产生看起来混乱的结果，并让人联想到"黑天鹅"事件的。这一经验也让决策者了解到，在应对未来可能出现的经济动荡时，需要采取何种干预措施。

中央银行的使命

很多决策者很早就意识到了新型冠状病毒的存在。2020年2月22日，二十国集团的财政部长和央行行长在利雅得会晤，我第一次亲眼见证了人们对此事的重视。中国财政部的官员并未前往利雅得，但中国驻沙特大使向与会人员做了详细介绍。我们还听到了来自意大利、韩国和新加坡的深入分析，这些国家是较早遭遇病毒传播的地区。它们提供了关于病毒如何传播、如何影响医疗卫生系统，以及当地政府正在考虑以何种规模的政策加以应对等第一手资料。会议的气氛非常低沉，甚至有些严肃。几乎一夜之间，关于经济前景的讨论完全取决于疫情的走势。我记得，那次会议结束回家时，我确信大麻烦就要来了。

当时，全球油价大幅下跌，每桶从年初的60美元左右跌至2月底的 45 美元左右，这主要由于美国和沙特阿拉伯产油国之间市场份额竞争的加剧。仅这一点就对加拿大产生了重大影响。加拿大的石油产量远远超过消耗量，因此油价下跌就意味着国民收入下降，石油行业投资减少，产油地区的就业岗位也随之减少。这些影响在全国蔓延；当一个石油部门的工人在艾伯塔省失去工作时，他会推迟购买新车、新衣服或搭建后院休息区的计划，进而影响到汽车部门、零售部门、建筑部门、林业部门等的就业。我们当时已经在考虑若经济突然出现负增长，加拿大央行需要进行怎样的利率调整。

3月4日凌晨，国际货币基金组织召开了新冠疫情国际协调会议。很明显，这种病毒正在像野火一样蔓延。当天上午晚些时候，加拿大央行将利率下调了 50 个基点，我们知道，单是油价疲软就有必要采取大幅宽松的货币政策。然而，考虑到新冠疫情可能产生的其他影响，下调 50 个基点是不够的。这是一个有挑战性的分析，因为利率已经很低，货币政策的回旋余地很小。我开始怀疑，除了通常的利率举措，央行是否还需要推出一些非常规工具。

第二天，也就是 3 月 5 日，我前往多伦多，按照惯例在皇家约克酒店发表有关新政策实施后经济最新情况的演讲，这场演讲活动是由资本市场女性协会主办的，有 600 人出席。在午餐前的鸡尾酒会上，一部分人用碰肘的方式打招呼，但那天我遇到的大多数人都给了我一个温暖的握手或拥抱。问候方式的变化是多么迅速。我也用新型冠状病毒这一大家都在谈论的话题结束了自己的演讲。在那天之后，情况发生了很大变化，但我仍然坚持当时的观点。我向人们保证，加拿大的经济状况良好，能够应对任何情况。这种准备好应对意外波动的状态，也就是经济韧性，将是适应未来高风险环境的关键。

重要的是，疫情等危机不会同时或以同样的方式影响整个世界。

遭遇疫情时的初始经济条件很重要。当天气预报工作人员将一连串的初始条件输入模型时，数据输入时的一个小错误就会导致截然不同的预测结果产生。经济也是一样的。如果要了解不同经济体是如何应对疫情的，对遭遇疫情时当地经济的初始情况有良好的了解将大有裨益。如果两个经济体处于不同的经济状态，那么我们就不应期望它们以同样的方式应对疫情。

加拿大提供了一个深刻的例子。2013年，当我回到加拿大中央银行担任行长时，加拿大经济远未达到满负荷运转，通货膨胀低于目标水平，不过这是全球金融危机的遗留问题。可以理解的是，人们迫不及待地想把这些历史问题抛在脑后，毕竟到2013年时全球金融危机已经过去五年了。然而尽管利率仍然保持低位，但许多国家的经济复苏仍然止步不前。

记得在2011—2012年我还在加拿大出口发展公司工作时，有人反复问我，为什么经济没有以一种典型的方式从危机后的衰退中复苏。我一直是比喻用法的忠实爱好者，因为它们有助于将抽象的经济学转化为更加令人印象深刻的东西，从而帮助人们直观的认识时局。在由我的好朋友吉尔·雷姆米尔德创办的蒙特利尔大会的一次会议上，我首次提出了"意大利面酱"的比喻，事实证明这个比喻相当令人印象深刻。

故事是这样的，当时许多人将全球金融危机归咎于美国房地产泡沫的破灭，以及随之而来的大衰退，这是通常的"繁荣—萧条—复苏"周期的一部分。我解释说，经济与一锅在炉子上加热的意大利面酱有很多相似之处，当它接近沸腾时，便开始在表面形成气泡。意大利面酱虽然越浓越好，但在这一过程中产生的气泡也越大。

大多数人都观察到，当意大利面酱中的气泡破灭时，在气泡下面就会瞬间出现一个坑，而这个坑的大小与气泡的大小完全相同，这没有什么随机性。美国房地产泡沫的破灭在经济中留下了一个坑，这个坑与经济泡沫的大小完全相同。

美国房地产泡沫实际上是从2001年"9·11"事件后的消费热潮之后开始的。如果说美国房地产泡沫的形成需要六七年的时间，那么我们从坑底走出来再从另一边爬上来，也可能需要六七年的时间。换句话说，美国经济要到2014—2015年才能恢复正常，而在2012年指望经济完全复苏还为时过早。2013年6月，我作为央行行长发表第一次演讲时提出，经济可能还需要两年的时间才能找到"回家"的路。对于我和许多其他央行行长来说，"家"是2%的通胀率和充分就业的交叉点。不过，说实话，这个所谓的"家"不是一个确切的地址，而是一个较为模糊的定位。

事实证明，随着2014年能源价格暴跌，经济在"回家"的路上又走了点弯路。到了2019年下半年，经济再次接近满负荷运转，失业率达到40年来的最低点，通胀率达到目标。确实是"回家"了。

然后就暴发了疫情。

全球性紧急事件发生在任何时候都不能说是好时机。但面对新冠疫情这样规模巨大的危机，确实没有比健康、平衡的经济状况更好的起点了。就像一个身体健壮的人更有可能抵御病毒一样，健康的加拿大经济也是如此。中央银行的工作就是维持这种健康的经济水平并以通货膨胀为锚，不时地进行利率调整，抵消经济受到的冲击。

然而，中央银行还有另一项在某种程度上更为根本的任务，即确保金融市场继续正常运作。为此，我在3月6日组织了一次与六大银行首席执行官的电话会议，讨论了不断变化的市场形势。这个小组会议每年举办两次，我与高级副行长卡洛琳·威尔金斯都会参加。多年来，这个由八个人组成的小组已经形成了一种温暖的、非正式的关系，成员之间彼此信任。事实证明，这次会议在那之后的几周非常重要。

我们中的大多数人已经让业务团队分开办公，以防止病毒传播，银行家报告说金融市场上出现了一些紧张的情况。例如，某些通过商业票据市场进行融资的借款人正面临交易困难，而且利率正在上升。银行的企业客户提高了信贷额度。我想到的是，经济的重大混乱可能会使人们难以偿付抵押贷款。我问他们是否有在经济严重衰退的情况下推迟抵押贷款支付的应急计划，他们告诉我有，但当时似乎不太可能需要这样的工具。

3月6日，我接到了财政部副部长保罗·罗雄的电话，他已经在草拟政府可能考虑采取的经济支持计划。那天晚些时候，我还接到了首相的电话，他想和我交换一下想法。从这些对话中可以非常清楚地看出，财政政策已经成为当前形势下的首选工具。然而，政府为经济提供财政支持有多种可选方式，人们为此进行了大量讨论。我们讨论了意大利和日本等早期受影响国家的例子，这些国家主要采用的支持工具是由税务机关直接向企业发放工资补贴。值得注意的是，此时距离二十国集团利雅得会议仅过去了13天。

两天后，即3月8日星期日，在国际清算银行主办的主要央行行长特别线上会议上，我们听取了中国、意大利和韩国同事的第一手经验。形势显然已经恶化，需要大幅削减经济活动，以控制病毒传播。当时召开的大多数会议具有国际性质，通常是在非常规时间举行的，在会上各国积极分享经验和计划。当然，决策者之间并没有统一的应对方案。大多数国家主要通过财政政策工具来应对各自国内的危机。虽然在方法上存在一定的共性，但各国的细节各不相同。尽管如此，在最初的日子里，国际协调水平很高，各国实时分享发展情况，并讨论各种政策选项的利弊。这些会议取得了预期的效果。正常情况下，这些会议虽然内容丰富却也相当枯燥，但是在危机中，这些会议则起着至关重要的作用。

就在那个星期日的晚些时候，我参加了一位好友的追悼会，这位好友在与肝癌的长期斗争中去世。那是我们重启社交活动前我的最后一次社交活动。我将永远把我亲爱的朋友吉姆的追悼会与疫情真正暴发的那一天联系在一起。

在接下来的几天，经济和金融状况似乎每小时都在恶化。包括我、高级副行长威尔金斯以及副总裁莱恩、申布里、博德里和格拉维勒在内的加拿大央行管理委员会成员几乎每天都要开好几次会。其他国家的央行纷纷降息，以减轻疫情对本国经济的打击，同时释放银行缓冲资本，增强银行的放贷能力。我与美联储的杰伊·鲍威尔、英格兰银行的马克·卡尼、加拿大财政部长比尔·莫诺及其副手保罗·罗雄、金融机构监管局负责人杰里米·鲁丁、六大银行的首席执行官、八个头部养老金公司的首席执行官，以及加拿大资本市场机构的负责人保持着密切联系。综合所有市场情报，我们在内部讨论了一系列确保金融市场持续运转的措施。我们已经将工作框架从货币政策制定、管理经济以保持通货膨胀步入正轨转变为纯粹的中央银行业务，即维持有序的金融市场。

3月13日，我们召开了特别咨询委员会会议。该委员会由财政部副部长担任主持，成员包括央行行长、金融机构监管局负责人以及加拿大存款保险公司和加拿大金融消费者管理局的负责人。该会议旨在为财政部长提供一系列建议，而财政部长对财政体系本身负有最终责任。我们还与六大银行的首席执行官举行了一次会议，以获取最新的市场情报。财政部长要求我和金融机构监管局负责人在当天下午与他一同召开新的财政措施发布会以支持经济，他认为一场由团队合作召开的发布会将有助于增强加拿大人对未来的信心。

信心是一个非常重要的概念。当经济发生某些波动导致人们失业时，失业的人显然会减少支出，从而影响到其他部门的就业。但是那些认为自己的工作有保障的人呢？他们如果仍然有信心，就会继续做自己的生意，并像以前一样或多或少地消费。但是，如果对就业的担心正在蔓延，人们担心自己可能也会失去工作，就会削减开支，这就将加剧对经济原有的影响。这也是一个经济体陷入难以摆脱的衰退的原因。努力维持信心是为了最小化损失。

我支持向公众展示决策者正在共同努力应对大流行对经济的影响。然而，我也意识到，与部长一同出现可能会对央行的独立性产生影响。金融市场是否会观察到央行与政府的密切合作，担心未来通膨率会上升？在同意与部长一同出现之前，我与管理委员会进行了磋商，我们认为，可见的协作将为市场提供安全感。我们也趁这次机会讨论了再次降息的问题，而不是等到四周后的官方决策日再讨论。我们的结论是，在财政部长发表财政声明的同时降息，这可以向金融市场发出一个相当有力的信号。我们还预计美联储将在下周再次降息。因此我们同意在当天晚些时候，即3月13日，进一步降息50个基点，并在财政部长组织的记者招待会上宣布。与此同时，加拿大金融机构监管局正在考虑调降国内稳定缓冲率，这是加拿大商业银行必须持有的一层额外准备金。金融机构监管局决定以此为银行释放多达3 000亿美元的额外放贷能力。其负责人在同一场新闻发布会上宣布了这一消息。你也可以把这看作三场发布会。

整个周末，各联邦机构之间都在举行会议，几位银行首席执行官之间也进行了双边会议。3月15日星期日下午，美联储采取了重大举措，将利率降至有效下限，并推出了一系列旨在支持金融市场运作的措施。美联储公告的一个关键内容是将在公开市场购买商业票据。这是企业重要的融资渠道。这对银行很重要，因为大部分银行与同一家企业签订了信贷额度协议。如果商业票据市场由于某种原因陷入停滞，在这种情况下，企业无法用新发行的商业票据替代到期的商业票据，那么企业将被迫大量动用银行信贷额度，银行自身也将面临资金压力。在接下来的几天里，我们逐渐确信加拿大也需要一个商业票据购买机制，央行将以市场利率购买商业票据，以支持市场。

三天后，也就是3月18日星期三，莫诺部长再次要求我和他一起在媒体前露面。他计划公布政府财政方案的进一步细节。当这场即将召开的新闻发布会的通知表明我将出席时，市场和媒体纷纷猜测发布会召开时是否会公布另一次意外的降息。但我们采取了不同寻常的措施，预先宣布央行当天晚些时候不会采取新的措施。

尽管如此，我们还是从银行工作人员那里了解到，考虑到油价的进一步下跌和其他可能对经济造成的打击，我们有可能需要实施所有可用的货币刺激措施。但我们认为可以推迟出台进一步的货币政策，应当先集中精力确保金融市场良好运转。理想的情况是，我们会等到新的经济分析，并能在4月15日发布我们的下一份货币政策报告。

在接下来的几天里，我们对市场行为进行了一系列调整，以应对金融市场出现的挑战。最终，这些行动包括省级债券购买计划，这意味着我们将购买省级借款人每一笔新发行债券中的部分债券；同时还包括商业票据购买计划和企业债券购买计划，这两项计划都意味着向企业借款人直接提供贷款。这些行动都意味着央行资产负债表的扩张，当央行收购资产（比如企业债券）时，将创造新的流动性。这实际上是凭空创造货币，这样做的根本原因是借款人需要更多的流动性，以确保他们能够在不违约的情况下维持日常运转。这与创造新货币并将其强制投入经济中，导致货币过剩而物品稀缺的情况完全不同。在市场紧张时期，当流动性需求激增时，风险在于资金太少，物品太多。

有些人可能会想，为什么我们不在计划启动之初就把所有这些计划的力度开到最大？有几个原因。

第一，作为央行官员，我们非常希望市场能自行解决这些问题。缩短信贷的自然运作过程不是央行的职责，至少要给市场一个自行运转的机会，这是很重要的。

第二，其中一些干预工具是以前从未使用过的。这些计划提升了将更多种类的资产转化为现金的能力，以确保不会出现市场混乱。尽管它们都属于中央银行的法定职权范围，但在大多数情况下，它们对我们的交易员和后台员工来说都是新的领域。

实施一个新计划意味着宣布，例如在下个星期三，在一定的资产质量标准和购买数量限定下，中央银行将通过购买市场上某一类资产（例如商业票据）来提供流动性。流动性的价格通过竞标过程本身来确定。需要提前设定和公布标准、管理竞标过程、进行结算等。在某些情况下，仅宣布央行将支持特定细分市场资产就足以平息局势，额外的保证能够让市场自行运作，有些计划则会适度鼓励购买操作。

第三，其中一些计划意味着央行正在承担信贷风险。例如，当央行接受某些加拿大企业发行的商业票据或企业债券时，它承担了该企业被降级甚至破产的风险，在这种情况下，央行会遭受信用损失。为了避免这种情况发生，政府通常会为中央银行的潜在信用损失提供担保。尽管央行的资产负债表最终归政府所有，但这种分离很重要，因为它是央行独立性的基础之一。这实际上意味着，一些新的市场运作方案需要财政部和财政部长的全面、官方合作。

第四，有些计划完全超出了央行的业务范围，因此我们决定寻求外部帮助来开发和执行这些计划。这要求我们考虑各个感兴趣的金融机构的提案，并根据其过往经验、服务水平和定价进行选择，而这需要时间。

了解当时的商业世界发生了什么很重要。企业大量使用银行的信贷额度来支付员工工资或用于更普遍的营运资本，有些情况下这作为一种纯粹的预防措施，可以在极度不确定的时候寻求安慰。虽然有人会质疑一家企业在金融危机期间有囤积现金的行为，但这是一种非常自然的风险管理工具，而且各大董事会无疑都在指示管理层这样做。人们可能会对许多大企业资产负债表上的流动性如此之少感到惊讶。当然，将现金最小化相当于资本的有效配置，但在一个动荡的世界里，现金需求可能会意外增加，信贷额度可能会被冻结，而这就是2008年发生的情况，企业无疑担心这种情况会在2020年再次发生。幸运的是，并没有出现信贷紧缩。

当企业向银行贷款时，银行必须从某个地方获得资金。通常情况下，它们会在市场上增加自己的债券发行量，但由于债券市场实际上处于冻结状态，银行转向加拿大央行，通过回购协议抵押资产来获得融资。与在市场上出售资产不同，这些资产被作为抵押品提供给加拿大央行，以换取即时现金，而银行将在约定日期购回抵押品。在流动性承压期间，加拿大央行对其抵押品管理指引进行了多次调整，从而确保金融系统通过这些回购操作获得所需的所有流动性。当然，结果是央行资产负债表扩张。一个促成因素是商业票据市场堵塞，通常利用该市场的企业也转向了银行贷款。通过向银行提供便捷的流动性渠道，并作为商业票据的最后买家，加拿大央行可以在多个维度与不同参与者一起缓解市场压力。

与此同时，国际形势并没有停滞不前。3月20日，包括加拿大央行在内的多家中央银行联手加强了对全球市场的美元流动性供给。3月24日，七国集团财长和央行行长发表了联合声明，强调我们每周举行一次会议，并将采取一切必要措施恢复信心和经济增长，保护就业、企业和金融体系的韧性。包括美联储在内的一些央行已经将利率下调至有效下限，但加拿大还没有。这导致我们货币市场的前端出现了奇怪的扭曲：由于市场压力已经使短期利率低于加拿大央行的隔夜利率，市场交易商为他们持有政府债务所支付的融资费用比他们从债务本身获得的收益还要高。因此，管理委员会决定，我们应该尽快而不是等到4月15日[1]再将利率降至0.25%的有效下限。我们把目光投向了3月27日，也就是当时的下一个星期五。

除了已经提到的各种流动性计划，我们还承诺每周至少购买50亿美元的加拿大政府债券，以巩固整个系统的流动性。考虑到其他中央银行过去的经验，我们认为在这个计划中使用"至少"这个词是至关重要的，因为使用"最多"这个词容易导致市场担心是否还能有更大的空间，从而导致对流动性的急切需求。市场干预的上限似乎总是遇到这个问题，所以我们采用了"至少"这一概念，并没有给计划设定上限。相反，我们表示债券购买将至少持续到经济开始复苏。因此，一旦市场不再紊乱，这些大规模资产购买就成为我们从关注市场功能到重新关注货币政策的桥梁。

---

[1] 参见前文第129页，加拿大央行原定等拿到新的经济分析后，再于4月15日发布下一份货币政策报告。

与此同时，财政部长正准备公布更多的财政细节，并再次寻求与我举行联合新闻发布会。管理委员会再次讨论了这个问题，我们非常清楚，人们可能认为这些联合新闻发布会会侵蚀货币政策的独立性。因为中央银行有放贷的权力，但没有支出的权力，央行货币政策工具的力量建立在其独立性的基础之上。即使并没有被写进《加拿大银行法》，加拿大政府也一直坚定不移地致力于中央银行的独立性，我们也再次看到了强调国内政策协调的好处。

由于我们已经准备好了利率公告，因此我们坚持自己的日程安排，于3月27日上午独立发布了公告。下午，我参加了财政部长的记者会并回答了记者的提问。与其中一位记者的交流对我来说尤其难忘。因为我们已经宣布每周至少购买50亿美元的政府债券，这位记者问我是否存在上限。我直截了当地回答说，这个计划是无上限的。随后，记者问我是否做得有点过头了。我的回答又用了一个比喻："消防员从来不会因为用水过多而受到批评。"幸运的是，在接下来的日子里气氛越来越平和，危机已被化解。

回顾过去，显然许多重要因素帮助抑制了因疫情传播而爆发的金融危机。这些经验教训将在未来被证明是有用的，因为经济构造力会带来更频繁的经济和金融震荡。首先，当危机发生时，经济已经"回家"并处于一个有弹性的境地，这是有帮助的；其次，与其他国家的协调非常重要，不是在模仿政策方面，而是在比较政策选择、相互学习和磨炼沟通方面；最后，快速、大规模地部署危机管理工具有助于迅速化解危机，而不能像2008年那样循序渐进地部署。这些因素对于从危机管理转向促进经济复苏至关重要。

为新冠疫情后的经济复苏创造条件

随着危机管理工具的公布，出现了一个问题，评论家开始将央行对加拿大政府债券的"大规模资产购买"称为"量化宽松"。虽然"大规模资产购买"在操作上与"量化宽松"相同，但在危机期间，我拒绝使用"量化宽松"一词，因为"大规模资产购买"背后的目标仅限于确保市场功能良好。实际上，我们是在确保船能在风暴中幸存下来，而不是在争论船应该朝哪个方向航行。"大规模资产购买"是一种市场功能工具，而"量化宽松"是一种货币政策工具，是为了在市场运行良好时影响利率。我们的计划是，一旦市场功能恢复，央行的注意力可以从市场干预转向货币政策制定，这时就改用"量化宽松"一词。

"大规模资产购买"与"量化宽松"之间的区别，似乎是形式大于实质，但这是一个重要的区别，至少对我来说是这样。旨在确保市场功能良好的"大规模资产购买"可根据出现的市场压力酌情增加或减少。而"量化宽松"则与市场功能无关，而与货币政策有关。它是利用特殊工具将低利率效应从隔夜利率延伸至收益率曲线长端的长期利率，从而给经济注入更多货币刺激。因此，"量化宽松"通常用长期利率目标来表示。当隔夜利率实际上为零时，长期利率也有可能被拉低至理论上的最低点，随着债券到期期限越来越长，利率也逐渐提高。"量化宽松"计划的目标可能是略微降低五年期债券收益率，主要考虑的是五年期债券收益率在推动加拿大五年期抵押贷款利率方面的重要作用，而五年期抵押贷款利率反过来又是货币政策传导机制的关键部分。例如，将隔夜利率下调150个基点，可能只会导致五年期抵押贷款利率下调 50 个或 75 个基点，通过部署"量化宽松"，则可以更多地将这种利率减免传导给家庭。

最终，"量化宽松"可能旨在"控制收益率曲线"，实际上是管理整个收益率曲线在某个时间点的位置。这可以通过分散购买各种期限的政府债券来实现。"量化宽松"通常伴随着"前瞻性指导"声明，用来说明操作的规模和持续时间。这种声明描述了未来债务购买的步伐，要么以特定的时间框架来描述，要么以特定的经济或通货膨胀结果为条件来描述。在这种情况下，3 月 27 日，我们表示每周至少购买 50 亿美元政府债券的计划将继续下去，直到经济开始复苏。这给了市场信心，使其相信我们不会武断地停止提供刺激，而是会公开讨论经济的发展情况，并不断审查这项计划。

接下来的两周时间完全被用来准备 4 月的货币政策报告。由于我们已经清楚地表明 0.25% 是有效下限，而且我们没有打算采取负利率，因此利率可能变动不大。由于财政政策在稳定经济方面起着主导作用，我相信我们不需要用负利率措施来支撑经济，负利率将被保留作为最后的手段。工作人员通过各种基于高频数据源的新开发的经济模型，构建了可供管理委员会参考的替代经济情景，向我们报告了他们对经济的最新看法。由于部分行业的经济活动因遏制疫情而停滞，典型的经济指标可能会以前所未有的方式暴跌。当限制放松时，我们知道可能会看到反弹，但实际的复苏将取决于经济活动的停滞时长，以及这些行业停滞对信心的影响是否会波及其他行业。在早期阶段，我们并未试图从分析中得出精确的预测，而只是提供了两种情况，一种是经济活动停滞时间很短，另一种是持续数月。这种方法提供了一个宽泛的未来两年经济增长的可能前景，而不是一套预测数字。这是一个有争议的决定，因为央行一直提供政策范围内（两年）的经济和通货膨胀的数值预测，市场和评论员都期待着这些数据。

还有很多其他来源的经济预测，而且这些结果每天都变得越来越悲观，从"比全球金融危机更糟糕"到"二战以来最严重的经济衰退"再到"大萧条以来最严重的经济衰退"。这种报道让我感到不安，因为消费者和企业的信心是很脆弱的。

在我看来，将今天的情况与过去的事件进行比较对当前完全没有帮助，因为它们是基于数据计算的，而没有考虑事件发生的潜在原因。拿苹果和橘子做比较是没有意义的。没有人需要经济学家来告诉他们，我们正面临着经济活动的大幅疲弱。经济衰退通常被定义为至少连续两个季度出现经济负增长。更重要的是，这一定义没有提及经济状况背后的因素。经济衰退是一种动态现象，由于某种原因需求下降、企业裁员、信心下降、人们减少购买、更多的企业裁员，这是一个会自我强化的负面循环，需要时间和"治疗"才能扭转。经济萧条会变得更糟，程度更深、时间更长，而且是通货紧缩与债务相互作用的结果，导致企业甚至金融机构普遍违约。无论是衰退还是萧条，都无法用一个简单的数字标准来衡量。这两个词都不适用于一个经历过机械停摆又将重启的经济体。以前从来没有人试图让时钟停摆。与其被描述为"大萧条以来最严重的经济衰退"，不如将这次疫情引起的经济衰退描述为"历史上最短的经济衰退"。在大多数发达经济体中，经济在3月和4月萎缩，并在5月开始再次增长。

疫情引起的经济衰退在历史上是独一无二的，不仅因为其的内在性质，而且因为各国立即推出了强有力的财政措施。在加拿大，大部分的支持措施都是针对个人的，起到了防止消极情绪蔓延，避免造成真正衰退的作用。这些财政措施具有弹性，能够根据对经济最终冲击的规模来增加或减小措施力度。正是这种弹性使得简单的数字衡量方法变得不合适，因为政府支出的多少取决于经济的受创伤程度。这一特点也意味着没有必要停止这些措施，因为当经济恢复到一个更正常的增长轨道时，它们会逐渐自动停止。此外，工资补贴旨在维持雇员与其雇主之间的联系，以便在取消经济活动遏制措施后能够使经济活动迅速恢复。加拿大的主要银行在提供稳定措施方面发挥了核心作用，比如允许贷款和抵押贷款延期、为现有客户大幅扩大信贷额度、为小企业创造新的贷款额度。

目前的情况与大萧条截然不同，当时决策者几乎没有做出任何回应。当时一些政府甚至颁布了具有保护主义色彩的国际贸易政策，使形势进一步恶化。在我看来，新冠疫情更像是一场自然灾害，而不是典型的经济衰退，而自然灾害后的恢复通常是相当迅速和强劲的。大多数经济体从停摆状态中复苏的能力都超出了经济学家的预期。

后疫情时代的考量

疫情留下了伤痕。长期失业导致工人技能退化、部分企业消失、人们的购物习惯已经被改变。随着人们体验到虚拟会议的力量，居家办公将成为许多人生活中更重要的组成部分。

经济呈 K 型或双轨型演进，一些受到永久性损害的行业将持续停留在 K 型经济的底部，另一些企业则获得了飞速发展。例如，电子零售业出现了爆炸式增长，在订单执行中心和配送服务领域创造了许多就业机会，从事零售工作的员工也具有从事这些工作的资质。在新冠疫情暴发的最初几个月里，加拿大失去了近 12 万家企业，企业数量下降了 13%。然而，到 2020 年夏季，新企业的创建速度开始超过老企业的退出速度，到 2020 年底，企业数量已经恢复了约 8.5 万家，比上一年减少了不到 3%。这种企业活力体现了熊彼特的创造性破坏过程理论，证明了经济的潜在韧性。很少有人意识到，加拿大每个月倒闭和新增大约 4 万家企业。经济遭受重大创伤后的愈合过程可能会出奇得快。

  人们强烈地感觉到，疫情加速了一些构造力的发展变化，这将在未来几年考验经济的韧性。第一，债务积累，尤其是政府债务，已升至 20 世纪 40 年代中期以来从未经历过的水平。第二，新技术的部署速度明显加快。一个促成因素是需要在生产工人之间创造更多的隔离空间，这为在工厂车间引入更多机器人创造了良好时机。机器人部署速度的加快意味着更多的工人被取代，这些工人会进入 K 型经济的底部。第三，这些事态发展将加剧人们对收入不平等的担忧，而且很明显，新冠疫情对收入最低端的人群和妇女的影响最大。第四，许多政府已经表示将在经济重建阶段努力推动绿色转型，绝不浪费此次危机，肯定会利用它来做一些根本性的好事。第五，非官方证据表明，疫情防控期间生育率有所下降，这可能由于人们对未来经济前景预期的不确定性增加。如果这种影响没有被疫情后的小规模"婴儿潮"逆转，那么人口老龄化可能也会因疫情而加速。

  我们将从疫情的影响中吸取更多经验教训。对于决策组织来说，这是一次非常严苛的考验。高级团队中多样性的重要性得到了一次又一次的证明，就像当陷在战争的迷雾中时，人们需要从过去的经历和自己的社交网络中吸取经验。一个有能力的储备阵容至关重要，尤其是因为我们中的一个或几个人总是有可能生病。危机让人身心疲惫，尤其是在家里工作的时候，我们中的一些人还要照顾年幼的孩子。能够将工作分散给不同的团队人员是非常重要的。与此同时，与其他员工保持联系也是至关重要的，当我们在扑灭金融市场大火的时候，他们居家办公维持着所有业务的正常进行。令我非常高兴的一点是，我们的技术团队之前说服了我们对技术能力进行"过度"投资。我们每天都有超过 1 500 人需要远程连接，通常是参加视频会议。正如 2008 年的经验教训有助于应对新冠疫情带来的危机一样，未来的不稳定时期也将受益于 2020—2021 年的经验教训。

对经济韧性的投资可能会变得越来越普遍。由于疫情的发生，遥远的未来可能还会充满不确定性。即使新冠疫情逐渐消退，五大构造力还会再次出现，并通过无数方式影响日常经济生活。展望未来，我将从央行行长最喜欢的话题开始，即未来的通货膨胀。

第九章

未来的通货膨胀

追忆：个人的通货膨胀经历

十几岁时，我并未过多考虑过通货膨胀问题。20世纪70年代初，我第一次在晚餐桌上听到了"生活成本"这个词。作为一名经济学家，如今回想起这件事，我发现自己对通货膨胀的认识是受我父母的影响。他们在20世纪30年代的通货紧缩时期长大，经历了战争年代物资匮乏、物价上涨以及使用配给券的困境。但在此之后，他们只经历了低通货膨胀和经济繁荣增长的时期。

到了20世纪70年代中期，当我开始学习经济学时，通货膨胀已成为头号公敌。1976年，我在修经济学课程时写了一篇研究工资和物价控制效果的论文。这激起了我对个人现金持有量或银行账户资产数与个人收入和利率之间关系的兴趣。根据弗里德曼的货币主义理论，这是控制通货膨胀政策框架的关键部分：了解人们希望持有多少货币，有助于央行提供适量货币而不加剧通货膨胀；对于给定的通胀率，货币持有量将呈现可预测的增长；逐渐将货币供应增长率降低至该水平以下将有助于降低通货膨胀水平。

1976年，加拿大中央银行正式采用了这种政策框架，与皮埃尔·特鲁多政府一同实施了工资和物价控制政策。这些政策旨在相互配合，减少经济在适应较低通胀率过程中出现的混乱。然而，货币持有量与经济增长和通货膨胀之间的不协调情况很快便出现了。央行和学术研究人员对此高度关注。

1978年，在撰写女王大学本科论文时，我采用了一种试验统计分析方法，以期能够更好地理解这个问题。正是这项研究为我争取到了加拿大中央银行暑期工作的机会。在加拿大中央银行，我了解到货币政策目标在实际操作过程中远比弗里德曼简单的相关性研究复杂得多。货币供应数据每周发布一次，比经济数据的发布提前了几个月。如果货币供应连续几周减少，就可能意味着经济增长放缓、通货膨胀减缓，但这也可能完全是受其他因素影响。央行需要了解增长放缓的根本原因，以判断是否需要调整利率。几个月后，直到经济数据全部发布，研究人员才能使用他们的模型将这种现象与其他经济指标协调起来。在研究过程中，他们发现货币增长速度放缓并无明显原因。

这种现象不仅出现在加拿大。从中央银行开始设定货币增长目标的那一天起，研究人员就难以解释货币持有行为，而经济模型对这些行为的预测往往也并不充分。

1978年，在加拿大中央银行工作了一个夏天后，我前往韦仕敦大学（也称"西安大略大学"）继续攻读硕士和博士学位，同时继续思考这个问题。我在博士论文中对其中一种论点进行了深入研究，即汇率的波动可能会影响家庭和企业的货币持有量。此种想法基于这样的观察结果：越来越多的家庭和企业开始同时使用加拿大元和美元。这一现象始于1976年底魁北克省选举产生分离主义政府后出现的汇率大幅波动。人们可能会在不同货币之间来回转换，以保护自身免受下一次汇率波动的影响。这一假设被称为"货币替代"，我也找到了一些实际证据来支持这一假设。

1981年，我回到加拿大中央银行，成为正式全职员工，我非常赞同货币主义者对通货膨胀的解释以及其旨在控制通货膨胀的货币目标。对我来说，能够协助央行重新构建货币控制框架，使其考虑到货币替代和新型银行账户等额外因素，从而确保货币始终是政策讨论和经济行动的核心，简直是梦想成真。

最终，我的潜心研究对央行货币目标框架产生了根本影响。当我提供了确凿的统计数据证明对货币需求的基础（现金加传统支票账户，或称M1）已经发生变化时，加拿大央行的管理层得出结论，未来货币和通货膨胀之间的关系并不足够稳定可靠，并不能支持我们继续使用现行的货币目标。当时鲍伊行长称："我们并没有放弃M1，是M1放弃了我们。"

接下来的十年里，央行的研究人员寻找了一项替代性框架来指导货币政策：直接设定并公开宣布通货膨胀目标。自1991年起，加拿大央行与政府签署了一系列正式协议，持续实行直接通货膨胀目标。

直接通货膨胀目标取得了良好效果。

在此之前，我已经对直接通货膨胀目标做过研究，它的成功令人惊叹。中央银行利率与未来18~24个月的通货膨胀之间存在着十分复杂的经济联系，以至于我一度怀疑，除了在非常长的时间范围内，通货膨胀是否还可以被控制。

如前所述，由于人口因素，实际利率预计在未来的一代时间内保持着相对较低的水平。这意味着未来当经济收缩时，中央银行在降低利率方面将会更加受限。然而这种限制并不对称。当经济繁荣并且面临更大的通货膨胀威胁时，中央银行可以通过提高利率来掌控经济形势，这一点并无问题，因为利率是没有上限的。但是，如果经济突然放缓，导致通货膨胀可能因此跌至目标以下，那么利率降低的空间则会受限，从而使通货膨胀难以恢复至目标水平。在其他条件相同时，我们可以预测未来在维持通货膨胀目标方面可能会面临很大挑战。

在充满更多不确定性的时代，通货膨胀目标会面临更大的挑战，因为经济构造力会加剧波动。由于中央银行只能对未来的通货膨胀产生影响，所以当前的政策制定只能基于预测。在下一个不确定的时代，进行可靠的经济预测将变得更加困难。中央银行的实际业务经验表明，未来通胀率将会发生更剧烈的波动。

经济构造力加剧通胀率波动确实是个问题。人们尽管并不愿面对不确定性加剧的情况，却依然能够感受到它的存在。而通胀率平均水平上升则完全不同，因为人们无法感受到通货膨胀水平。即使在今天，许多人仍然很难相信已经达到通货膨胀目标，因为官方报告中2%这个数字似乎与他们个人经验中的高房价或汽车价格不符。总体而言，人们对通货膨胀的认知与现实情况之间存在明显差距。

通货膨胀是衡量我们购买的所有物品平均价格的指标，其实人们经常购买的物品价格在这些年中已经有所下降，但人们常常忽视这一现象。人们主要关注的是价格上涨的物品。此外，人们通常关注价格水平，记得许多年前牛奶或汽油的具体价格，并与如今的价格进行比较，从而形成对通货膨胀的印象。人们关注自己经常购买的物品，比如汽油，而不是偶尔购买的物品，比如汽车。此外，很少有人意识到统计学家也将物品质量划入统计范围，即当物品质量提高而价格保持不变时，统计学家认为其价格已经下降。

以买车为例。从20世纪70年代中期到90年代末，我们家仅有一辆车。那辆车十分漂亮，是1968年产的雪佛兰黑斑羚，售价仅

1 600美元，车龄不过四年。车辆可以容纳六个人，而且还有一个巨大的后备厢。那时我作为一名DJ，在车里装着巨大的音响、一个带有两个唱盘的控制台、扩音器以及多张黑胶唱片，既有45转①的，也有密纹唱片②。1999年，我买了一辆丰田卡罗拉，花费不到18 000美元。14年后，我女儿也买了她的第一辆车。基于我个人的经验，也因为我在换掉卡罗拉很久之后，仍能在路上看到与14年前同款的车辆，我建议她选择卡罗拉。可以想象，当我发现新款丰田卡罗拉的价格几乎与1999年相同，而且性能上还有巨大改进时，会有多惊讶。到了2020年，又过去了七年，人们仍然可以以约19 000美元的价格购买卡罗拉，而且技术方面有了更显著的进步。

这些数据表明，在过去的20年里，入门级汽车的购买价格几乎没有变化。这一观点可以通过加拿大统计局的官方数据予以证实。在此期间，消费品和服务的总体价格上涨了近40%，几乎完全符合加拿大中央银行设定的每年2%的通货膨胀目标。相比之下，在同样的20年时间内，购买新车的价格指数总体只上涨了7%，每年不到0.4%，而租赁新车的价格上涨了1%，每年不到0.1%。这是客观事实，虽然在与其他人谈论此事时，几乎每个人都称在这段时间内购车成本大幅上涨。

由于入门级汽车的质量大幅提高，因此其价格指数实际上在过去的20年里有所下降。价格指数试图呈现一个国家的公民购买各种车辆的平均价格。特定类型的车辆，尤其是运动型多功能车（SUV）和皮卡价格上涨幅度超过了其他车型，并且在总体车辆购买中的份额也

---

① 指黑胶唱片每分钟的转动次数。——译者注
② 是一种每分钟33⅓转的由乙烯基材料制成的唱片，一般直径为25.4厘米或30.48厘米。——译者注

有所增加。这些往往是经销商系列产品中的高利润车型。

通货紧缩的另一个常见例子是计算机设备和其他数字设备的价格变动。同样根据官方统计数据,计算机的价格在过去 20 年中下降了超过 90%。大多数人可能会认为,更换计算机的成本多年来并未发生明显变化。然而,我们购买的家用计算机的性能在这段时间内大幅提升,这些质量改进意味着当前以 500 美元价格购买的计算机比过去更强大。因此,隐含价格是下降的,这也是被纳入通货膨胀指数的因素。

我还有一个十分喜欢举的例子。我清楚地记得我们在 1978 年购买第一台彩色电视的情景。那是一台由 JVC[①] 制造的 Electrohome[②] 品牌的电视机,它是在安大略省的基奇纳组装的,零部件主要由日本制造。那台电视机的价格是 549 美元,屏幕为 19 英寸。如果电视机的价格跟通货膨胀同步增长,那么现在购买那台电视机的成本将为约 2 000 美元。相反,我们现在可以以约 500 美元的价格购买一台 55 英寸的、由墨西哥组装、组件来自多个国家(主要是亚洲)的平板电视机。根据官方统计数据,2000 年时售价为 1 000 美元的视频播放设备在 2020 年只需花费约 21 美元。这正是全球化通过降低通货膨胀来提升消费者购买力的方式,但大家并未认识到这一点。我们可以花 500 美元而不是 2 000 美元购买一台电视机,因此剩余的 1 500 美元可以花费在我们想要的其他事物上。这额外的 1 500 美元作为全球化给消

---

① JVC 品牌在 1927 年成立于日本横滨市,是日本家电界的驰名品牌,素以技术开发能力及卓越的研发成果而闻名。——译者注

② Electrohome 是一家加拿大的消费电子企业,成立于 1907 年,总部位于安大略省的基奇纳市。该企业在 20 世纪中叶至 21 世纪初期以生产电子设备而闻名,包括收音机、电视机、音响系统和家庭电影投影仪等产品。——译者注

费者的礼物，支持着整个经济中的就业。

我们对高通货膨胀的认知来源于哪里呢？根据加拿大统计局的数据，导致较高通货膨胀的主要商品类别包括食品，尤其是肉类，其价格上涨速度几乎是平均通货膨胀的两倍。另外还有保险、水费和电费，但不包括燃气费和电话费。金融服务费、公共交通费和停车费、阅读花费和学费以及香烟等也导致了较高通货膨胀的出现。但商店里酒类饮品的价格上涨速度比平均通货膨胀要慢。衣物、家电、家具、运动设备和玩具等商品类别在过去20年中整体出现通货紧缩，这主要是受全球化的影响。

我们必须认识到，通货膨胀目标是关于加拿大人购买的所有商品和服务的平均通货膨胀表现，其中混合了通货膨胀和通货紧缩的价格。每个商品的价格都有其独特的变化方式，但人们似乎极少关注通货紧缩。整体来看，加拿大的通胀率在近30年间一直非常接近2%，尽管偶尔会因能源价格或汇率的大幅波动而出现一些变化。在涉及薪资涨幅谈判时，加拿大人对2%的预期目标深信不疑，这在一定程度上有些讽刺，因为对通胀率的粗略观察表明，实际的通货膨胀要远高于这个水平。

对通货膨胀预期的锚定对经济产生了深远的影响。人们通常不太关注通货膨胀偏离目标的情况，无论是偏高还是偏低，因为他们相信央行将会果断采取行动，确保通胀率在合理的时间范围内恢复到2%。央行在经济偏离轨道时有很大的调整空间，可以采取积极政策来纠正经济形势，以保持通货膨胀目标的实现不受风险影响。

这种情况与20世纪70年代截然不同。在那个时代，央行对经济的干预可能会增加未来通货膨胀的风险，研究人员往往会立即提高对通货膨胀的预期。央行试图促进经济增长的努力基本上都会受挫，因为通货膨胀会立即加速。

那么我们有什么好担心的呢？概括来说，我们所担心的主要是政治因素。

债务与通货膨胀的相互作用

政府债务和通货膨胀之间的长期关系确实相当清楚。政府债务的大规模积累往往会导致通货膨胀爆发。这一现象曾在一些国家出现，比如20世纪20年代的德国或20世纪80年代初的阿根廷。政府与其央行之间的密切关系在这种情况下常常引起人们的关注。央行作为政府的银行，有权创造新的货币。央行通过购买新发行的政府债务，向政府提供新的货币用于政府支出。只要这种创造新货币的速度与经济增长的速度相匹配，通胀率就能够保持在较低且稳定的水平。但是，如果政府发行债务的速度超过金融市场认为的可持续速度，市场就可能会无法消化。如果央行为缓解这种情况而购买越来越多的新政府债务，所创造的新货币数量就可能会超过经济对货币的需求。如果出现这种情况，那么弗里德曼有关"过多的货币追逐过少的商品"的预测便会成真，通胀率将会上升。

政府和央行之间的确有必要保持密切的关系。政府拥有央行，央行是政府的银行，二者的资产负债表是交织在一起的。为了创造新的货币，央行必须购买政府债务，这是平衡资产负债的方式。然而这种关系存在潜在的危险，不仅仅在于政府债务增长的不可持续性。政府始终存在连任问题，对现任政府满意的选民往往会选择让其连任。选民最关注的问题是经济是否强劲、就业机会是否增加、工资是否上涨。而这会促使政府在选举前的一段时期增加支出，以刺激经济。然而，如果刺激过大，通货膨胀压力便会上升，不过选民可能在选举之后才会意识到这一点。

为缓和这种紧张关系，大多数发达国家赋予了央行经营上的独立性，以追求通货膨胀目标。这种独立性提供了额外的保障，央行行长的任期通常与选举周期无关。如果政府在选举前过度刺激经济，注重未来通货膨胀压力的独立央行将提高利率，以保持经济增长稳定，并基本抵消政府此举所产生的影响。政府通常会接受这种制衡的体系，但并非总能做到，而且并非每个地方的政府都能做到。

正如第五章所讨论的，过去 20 年间全球政府债务持续上升，并在新冠疫情暴发后急剧膨胀。在此期间，央行与政府密切合作，购买了大量政府债务，以稳定金融市场并应对经济崩溃。尤其是在财政和货币政策高度协调的情况下，这种前所未有的情况引发了一些对央行独立性以及未来通货膨胀后果的担忧。关于政府债务的非传统思想加深了这些担忧，其支持者称之为"现代货币理论"。在并无相关专业知识的读者看来，这种新思想为我们提供了后疫情时代缓解先进经济体政府债务负担的方法，这种看法可以理解。

这种思想的主要倡导者是斯蒂芬妮·凯尔顿，她在 2020 年出版的《赤字迷思》一书中提出了这样一个观点：无须担忧财政赤字，因为政府拥有印钞的权力。她认为，拥有国家货币控制权的政府永远不会破产，因为政府随时可以印更多的钞票来偿还债务。许多媒体对这一观点的报道仅限于此，而且遗漏了重要细节，并给人留下了"政府可以吃白饭"的印象。在这些被遗漏的细节中，有一点极为重要，即现代货币理论的支持者承认，如果经济达到其容量极限，政府就必须停止发行新货币，否则将会爆发通货膨胀。换句话说，政府可通过发行新货币来偿还债务，但若通货膨胀加剧，则必须停止。此后，政府则需以传统方式偿还债务，即向投资者借钱而不是向中央银行借钱。

有了上述细节，现代货币理论几乎可以完全追溯至凯恩斯在1936年提出的经济理论。凯恩斯在其奠基性论著[①]中试图解释货币政策达到其自然极限后（正如他写作时所处的大萧条时期），当利率无法再降低时，经济会发生什么情况。这正是新冠疫情暴发后世界所面临的情况。凯恩斯认为，在这种情况下，应将利率降至无法再低的水平。他将这种情况称为"流动性陷阱"，如果中央银行不断向货币体系注入更多流动性，就无法刺激资产所有者和企业去借钱或消费。他认为，在此情况下，唯一助力经济复苏、促进充分就业的方式就是利用政府的赤字支出。

现代货币理论的支持者提出了完全相同的建议：当利率降至谷底时，政府应该通过从中央银行借入新创造的货币，并将其投放到经济中来实现经济复苏。现代货币理论并不"现代"，也无关货币，因为无论融资方式如何，其设想的经济刺激均来自政府支出。此外，这个理论框架几乎没有任何理论性的内容，它基于会计学，即将新货币创造的标准过程与政府资产负债表关联起来。

在现实情况中，若经济遭遇压力，现代货币理论的支持者会建议中央银行创造实现其通货膨胀目标所需数量的新货币。尽管这并非传统的货币政策，但中央银行在过去30年间确实一直采用这样的货币政策，虽然货币政策的说法并不相同。实际的说法是，中央银行制定与预期经济增长率相匹配的政策利率，以维持通货膨胀目标。这种说法反映在中央银行的资产负债表和创造新货币的速度上。反过来，这种新货币的创造与此前所述的直接购买政府债务直接相关，因此政府

---

① 这里指《就业、利息和货币通论》。——译者注

手中掌握着新的支出能力。这就是简单的会计学。可以说，现代货币理论和传统的货币及财政政策在实践中的影响相同。但值得注意的是，如果市场无法再为政府赤字融资，现代货币理论就会变得没有出路。

然而，一起重要历史事件的爆发促使人们下定决心，开始尝试现代货币理论家建议的做法。20世纪60年代末，为了向越南战争提供资金，美国政府的财政状况变得捉襟见肘。那次试验性的财政货币政策导致了20世纪70年代的全球大通胀，并且花了近20年时间才得以纠正。

之所以称之为"大通胀"，是因为通货膨胀现象在全球范围内普遍存在。20世纪50年代和60年代，大多数发达经济体的通胀率低且稳定。在那个时代，许多经济学家认为通货膨胀和失业之间存在一定的平衡，即允许一定程度的通货膨胀有助于促进国家经济繁荣，同时维持较低的失业率。然而二战后，主要经济体的通胀率基本由美国控制，因为这些经济体都受制于布雷顿森林体系。在该体系下，主要货币都与美元挂钩，而美元又与黄金价格挂钩。因此，如果一个国家的货币价格上涨，那么其他国家的货币价格也会相应上涨。

20世纪60年代中期，由于美国竭力为越南战争提供资金，布雷顿森林体系遭受了压力。大规模军事开支导致政府赤字扩大，经济出现需求过剩，通货膨胀问题加剧。为了减轻通货膨胀压力，美联储在1965年底提高了利率，这与时任总统约翰逊希望美联储维持较低利率的意愿产生了冲突。为了维护货币政策的独立性，美联储主席小威廉·迈克切斯内·马丁不顾约翰逊政府的反对，提高了利率。当时，人们对通货膨胀的预期产生了激烈的争论，这是因为一种经济构造力正在塑造经济形势：全球人口正处于稳步年轻化的阶段，"婴儿潮一

第九章　未来的通货膨胀

代"开始进入劳动力市场。美联储内部关于通货膨胀辩论的最终结果是，利率只会略微上升，因此货币量继续保持着快速增长，通货膨胀压力继续在经济中积聚。直到1970年，接任马丁的阿瑟·伯恩斯才开始真正重视这个问题。众所周知，阿瑟·伯恩斯也认为战争给尼克松政府带来了财政压力。政府为了弥补战争时期的财政赤字，在经济已经过热的情况下，依然通过美联储创造新的货币来进行融资。

这种情况导致美国的通胀率激增到6%以上，并自动波及与美国保持固定汇率的国家。汇率制度在这种压力下崩溃了，而全球通胀率在此之前已经上升，并且某些国家的通胀率高于其他国家。20世纪70年代初期，阿拉伯石油禁运，石油价格大幅上涨，进一步加剧了通货膨胀压力。同时，大多数国家的失业率也在上升。这种失业率和通胀率同时上升的情况从未出现过，并且与主流经济模型相矛盾，因此决策者对此感到十分困惑，更不用说控制通货膨胀目标了。他们试图通过提高利率来降低通胀率，但失业率上升的情况实际表明他们应采取与此相反的措施。

中央银行花了十多年的时间才扭转了这种局面。1979年，吉米·卡特总统任命保罗·沃尔克为美联储主席，沃克尔十分清楚急需控制通货膨胀。但将通货膨胀预期降至合理水平则会面临利率奇高、经济衰退、高失业率和国民收入连年遭受严重损失的风险。在那些年，沃尔克面临着巨大的政治压力，对他更为不利的是，他的前任威廉·米勒在1978年接替阿瑟·伯恩斯成为美联储主席后任职不到两年，便成为卡特总统的财政部长。

为控制通货膨胀而付出高昂的代价是值得的，因为持续的高通货膨胀也会消耗经济成本。高且不稳定的通胀率会导致经济体的效率极低，企业和个人都会做出不明智的经济和财务决策，经济中每天产生的国民收入会比通胀率较低的时候少。通货膨胀就像一种对经济增长征收的税，而这种税累计起来则是一笔巨大的损失。自20世纪90年代初以来，低且稳定的通胀率维持了低且稳定的失业率。

然而，必须承认，20世纪70年代的大通胀为负债家庭带来了好处。第一，房地产价格大幅上涨。以多伦多为例，1970—1980年单户独立住宅的平均价格上涨了约150%。第二，以1970年的美元计算，1970年申请的抵押贷款在1980年实际上缩水了一大半。因此，这种组合对于典型的房主，特别是那些背负抵押贷款的房主来说极为有利。当然，并非所有人都能从中受益。股票，尤其是债券的回报率极低，意外的高通货膨胀使精明的投资者代价惨重，而那些主要资产是房地产并且不太富裕的家庭则获益丰厚。

20世纪70年代，通货膨胀对政府造成了严重影响。累计通胀率超过100%，政府未偿还债务的实际价值削减了一大半。20世纪80年代，通胀率平均每年接近8%，进一步削弱了政府未偿还债务的价值。然而自20世纪90年代以来，通胀率平均每年接近2%。虽然这仍表示价值在逐渐削弱，但大多数时间内债券持有人得到的利率远高于通胀率。

总的来说，20世纪70年代和80年代的通货膨胀代表了财富从投资者向政府及负债家庭的巨大转移。不难看出，政府和庞大的选民群体可能会倾向于高通货膨胀。

通货膨胀的混合风险

20世纪60年代末，政府并未刻意追求更高的通货膨胀或剥夺投资者财富以减轻财政债务负担。当时的主流经济模型并未预测到20世纪70年代发生的事件，而这正是约翰·肯尼思·加尔布雷思撰写《不确定的时代》的原因。大规模通货膨胀是政策错误的结果，也是有史以来最严重的错误，并且发生在一个极为特殊的时代。经济构造力令决策者困惑不已，同时这些构造力正在颠覆主流经济模型：劳动力趋于年轻，技术进步相对于战后初期速度放缓，政府债务达到新高。此外，世界还需要应对石油价格的飙升以及与黄金挂钩的国际货币体系的崩溃。政府绝不希望在新冠疫情后再度经历20世纪70年代的创伤。然而，上文提到的构造力以及新冠疫情的影响令通货膨胀的风险飙升，并且极有可能做出错误的决策，因此投资者应小心谨慎。

这种风险根源于第四次工业革命，在新冠疫情暴发之后，风险发生的概率似乎又开始飙升。历史上，伴随工业革命而来的是物价降低，现在也应如此。然而，正如我们在第三次工业革命期间所看到的，央行的通货膨胀目标制有望防止技术进步所导致的普遍的通货紧缩。在不久的将来，技术的飞速进步应该能够转化为经济实力的增强，也就是说，生产力的提高将实现无通货膨胀的经济增长。但由于人口老龄化，全球劳动力的增速将明显放缓，这又将限制经济增长。因此，技术进步更明显的结果是工人流失、收入不平等加剧。预计这两大问题将成为政治家面临的首要问题。

当然，政府可以采取一些政策来应对这些压力。例如，实施灵活的收入再分配计划、普遍基本收入计划或提高失业保险。提高最低工资可能也是此类政策中的一种。当然，这些政策可能会带来一些意外后果，诸如劳动参与率下降、失业率升高以及雇主成本增加。这些社会性政策的政治因素通常十分复杂，因为不同利益之间存在竞争，并且经济分析也可能存在不确定性，这可能引发选民之间的分歧。此外，还有一个更为严重的制约因素，即整个经济，特别是政府方面不断增长的债务。后疫情时代的财政状况可能使新的社会计划难以实施，民众可能只会就意识到的财政成本进行争论，而并不在意长期的经济效益。

如何化解这些政治压力是无法预测的，但这种情况确实表明，采取政治上可接受的政策而非真正有效的政策，会面临更高的风险。这些选择几乎肯定会增加对国际贸易的限制，以支持低收入群体。不幸的是，如前文所述，逆全球化不仅可能导致通货膨胀上升，而且还将导致整个经济中的国民收入降低，失业率上升。虽然政府及民众可能依旧像过去一样对这些论点置若罔闻，但必须将逆全球化的风险视为未来出现更高通货膨胀的风险。

实际上，查尔斯·古德哈特和马诺吉·普拉丹在他们2020年出版的《人口大逆转》一书中指出，这个问题已经出现了。他们还指出，在过去的25年中，由于中国的开放和全球化，世界受益于长期的通胀率下降。但许多发达经济体的制造业工人也因此失去了议价权，因为他们无法与中国或其他新兴市场的劳动力竞争。因此，成本和通胀率上升的传统压力源消失了。古德哈特和普拉丹认为，中央银行在过去20年里能够成功控制通货膨胀，经济构造力的作用功不可没。然而，如今这些构造力停滞不前，如果逆全球化趋势增强，那么通货膨胀状况则很可能出现逆转。

鉴于所有这些限制和政治分化，一些政治家在竞选中承诺提高通胀率，以期消除当前的大部分公共债务的说辞是否有些许牵强？一个政府推翻独立的中央银行，以确保通胀率在一段时间内超过目标是否不切实际？政府接受现代货币理论并付诸实践，负债累累的家庭赞成并投票支持这种政策是否言过其实？

第九章　未来的通货膨胀

我并不这么认为。尽管我深信，中央银行和民众从未忘记20世纪70年代通货膨胀的教训，但政治充满了无限可能，我们无法不加思考便排除通胀率存在可能上升的风险。撇开政治不谈，那些经济构造力之间潜在的相互作用将营造一种大环境，在此环境中，即使是最独立、最审慎的中央银行也可能犯政策错误，就像20世纪60年代末那样。

中央银行的独立性

中央银行保持独立，是缓解未来通货膨胀风险的重要因素。然而在现实中，中央银行的独立性并不像听上去那样清晰，而且中央银行的职责正在逐步演变，这可能会增加未来通货膨胀的边际风险。

中央银行的真正独立性不是普遍存在的，某些国家的中央银行也是近年来才获得这种独立性的。在美国，人们假定联邦储备委员会在本质上是政治独立的，因为其决策无须得到政府的批准，且不依赖政府为其日常运营提供的资金。欧洲央行在1998年创立时就明确具有独立性，这是现代思维的产物。英格兰银行也在同一时期被赋予了法定独立地位。

加拿大中央银行则是一种独特的独立模式。它没有法定的独立地位，但其通货膨胀目标框架提供了一种合理的替代方案。根据《加拿大银行法》，如果政府与中央银行政策存在严重分歧，可以向加拿大中央银行发出指示，从而推翻中央银行的政策。然而，财政部长必须公布对政策不满的理由，并对中央银行做出明确指示。大家一般认为，这种模式可能会令中央银行行长辞职，从而使两者之间达到微妙的权力平衡。这种机制是在20世纪60年代中期创建的，在此之前，政府和前任央行行长詹姆斯·科因就中央银行拒绝降低利率产生了分歧。如今，加拿大的货币政策以通货膨胀目标为基准，并且每五年进行一次审查和更新，这是加拿大中央银行和联邦政府之间达成的协议。中央银行在随后五年独立运营的情况下致力于实现这一通货膨胀目标。若当届政府希望在未来五年内将中央银行的目标从低通胀率变为低失业率，政府可以强制执行，但这可能会对金融市场造成严重影响。

无论中央银行是否具有法定独立性，在全球金融危机和大萧条之后，中央银行的声誉都得到了极大提升。普通民众可能会过度赞扬中央银行取得的积极成果，并因此期望过高。这种人们可能将经济成果过度归功于中央银行的风险已经被中央银行所意识到，并为此采取了积极措施，包括增加中央银行的透明度、频繁召开新闻发布会、公布经济预测内容、向市场提供前瞻性指导、对重大问题进行公开咨询等，以加强问责制度，同时展示了中央银行面对竞争性目标的处理能力。

有一个具体的例子，美国联邦储备委员会在2020年初决定实施强化的政策目标。美联储一直有所谓的"双重使命"，即保持2%的通胀率，并实现"就业最大化"。未来，美联储将更加重视"就业最大化"及就业质量，不断探索经济的极限，直至通胀率超过2%，再收紧货币政策，引导通胀率回落至2%。过去，美联储采取了预防性措施，防止通胀率超过2%，但这种以结果为导向的方法意味着，未来美国的平均通胀率将会更高。除了承担更多的经济责任，强化这一政策目标的前提还包括控制通货膨胀技术能力的提高。

尽管尚不清楚其他国家是否会相应地强化货币政策目标，但考虑到美国对世界经济和金融市场的重要性以及美联储的影响力，这些因素进一步增加了全球通货膨胀水平的上行风险。极为重要的是，央行在过去十年中一直努力将通胀率提高到目标水平，但其在控制通货膨胀方面的能力尚未得到证明。对通货膨胀的控制依赖于一个良性循环，即稳定的通货膨胀意味着锚定于此通货膨胀的预期也较为稳定，进而为央行创造最大的操作空间。只要这个良性循环保持稳定，货币政策的走向便自然正常。然而，如果通货膨胀预期显示出脱锚的迹象，央行控制通货膨胀的能力便会被削弱，进而可能会产生更严重的政策错误。在要求央行追求更为雄心勃勃的政策目标之前，对那些尚未确立央行法定独立性的国家来说，最好是先明确其法定独立性。

新冠疫情让央行独立性这一问题变得更为迫切。由于世界各地的利率已经降至最低水平，因此在新冠疫情暴发时，政府必须利用财政支出来稳定经济。这必然导致财政部门和央行之间建立更为明确的合作关系。政府发行了大量债务，其中大部分被央行收购以保持系统流动性，而政府则向市场保证，在低利率的情况下债务仍然可控。然而，随着经济和利率回归正常化，这种微妙的平衡可能很容易被打破。这种紧张局势可能会导致"财政主导"货币政策，即政府可以相对容易地利用央行维持低利率，从而允许通货膨胀超过预定目标，以减轻公共债务负担。在这种情况下，政府强烈希望央行的独立性能够得到明确，如果不这样做，通货膨胀预期将上升，并且推高利率，造成财政计划的不可持续。

经济构造力的交织注定会加剧通货膨胀的异变和不可预测性，即使最可能出现的结果仍然是通胀率回归至2%左右的平均水平。投资者应该明白，在经济构造力的影响下，当前的通胀率具有潜在的混合风险，特别是其中还掺杂了政治极端化的因素。因此，在未来，个人、企业和投资者在考虑2%通胀率的同时，也要准备好应对通货膨胀的异变，并且应承认，相较上一代人，未来全球通胀率升高的风险更大。对于某些新兴市场而言尤其如此，因为这些新兴市场的财政和制度能力已经在新冠疫情暴发后受了巨大压力。

由于第四次工业革命的影响以及后疫情时代劳动力配置的重新优化，通货膨胀的前景将更加不确定。20世纪90年代，技术进步导致通货膨胀呈下降趋势，如今也是如此。新冠疫情防控期间居家办公的经验导致工作形式多样化，如此生产率必定提高，通胀率将会降低。然而我们无法量化这两种影响，但是中央银行必须对影响通货膨胀的各种复杂因素做出判断。

明确支持央行独立，支持央行维持低通胀率目标的政府，将从稳定的金融市场和持续的较低利率中收益。后者对高负债政府财政计划的可持续性及背负抵押贷款的家庭和负债的企业来说至关重要。关于通货膨胀的风险及其对受利率影响的投资者情绪不容忽视。事实证明，在20世纪80年代，民众很难相信政府会采取措施反对通货膨胀，即使有人相信，这种信任也无法持续太久。如果允许通货膨胀爆发，就需要有新的政治共识来控制通货膨胀，而恢复低通货膨胀将会在就业和收入方面造成严重损失，由此可见，经济学的法则并未被改写。

之所以进行前述讨论，是因为后疫情时代人们对通货膨胀前景的关注再度增加。这也很可能是人们对比特币越来越感兴趣的原因之一，因为比特币的稀缺性在理论上能够保护投资者免受未来通货膨胀的影响。疫情过后，传统的通货膨胀对冲工具，如黄金和房地产，也受到了热捧，因为几个世纪的历史至少已经证明了黄金和房地产作为通货膨胀对冲工具的有效性。

即使是追求2%通货膨胀目标的、完全独立且审慎的中央银行，也极容易在未来不确定的时代做出错误决策。由于经济模型并不完整，重塑经济的构造力颠覆了传统智慧。20世纪60年代末和70年代初曾发生过重大的政策失误，如今这些构造力同样存在，因此政策失误可能会再次出现，而就业市场会再度受到影响。

第十章

未来的就业

追忆：毕业典礼

父母极为担忧的事情之一便是子女的就业问题。他们经常会思考子女将来从事什么工作，应该在学校里学会什么，如何将未来的选择最大化，就业时会有哪些工作岗位，等等。然而，孩子们似乎并不会过多考虑这些问题，因此父母的建议常常会遭遇孩子的冷漠甚至敌对情绪。

这个问题在大学毕业典礼上最为明显。父母看着自己多年呕心沥血培养的孩子走上典礼台，成为一名毕业生，内心无比自豪。然而，毕业生将如何利用父母对自己的"投资"，这个问题就像六月某个炎热的下午，垃圾填埋场散发的气味一样不受欢迎。

近年来，我很幸运地荣获了两个荣誉学位。2017 年，特伦特大学授予我荣誉法学博士学位。除了去彼得伯勒时欣赏了校园景色，我与这所学校并无其他关联。被授予荣誉学位背后有一个特殊的目的是，该校在奥沙瓦设有一个很大的校区，校方希望有一位来自奥沙瓦并且"大有作为"的人与达勒姆校区的毕业生进行交流。毕业典礼在彼得伯勒的主校区举行，典礼之前的晚宴极为有趣，我见到了几位特伦特大学的优秀毕业生。我愉快地与基思·诺特进行了交流，他是附近心形湖的一位原住民领袖，也获得了荣誉学位。我和妻子此前经常去心形湖，因为那里离她家的小别墅不远，我们喜欢在当地的商店里闲逛，欣赏那些艺术品和独一无二的小物件。特伦特大学有一个主题广泛的原住民研究项目。

2019年，我获得了韦仕敦大学的荣誉学位。但其实早在40年前，我就获得了韦仕敦大学的经济学博士学位。1978年初次见到韦仕敦大学校园的情景还历历在目。驾车经过里士满街和那些宏伟的大门，行至山顶，风格独特的建筑物映入眼帘，我无比兴奋。这里与女王大学的建筑风格截然不同。我对女王大学有着深厚的感情，我相信大多数人也是如此，因为四年的本科生活足以对一个人产生深远的影响。坦率地说，在所有住过的地方中，我最喜欢的仍然是金斯敦。我仍记得父亲第一次开车带我去女王大学时的情景，当时，我们并不确定是否到达了目的地，因为学校没有校门，到达之后只能看到一些有点可爱的老石灰岩建筑物。

我努力向这些未来拥有无限可能的毕业生讲述自己的观点，这令我回想起自己于1974年从奥沙瓦高中毕业时的情景，当时经济形势极其严峻，约翰·肯尼思·加尔布雷思正为英国广播公司制作《不确定的时代》系列节目，而我的毕业演讲正是关于经济形势的。我始终认为，艰难的经济状况不会持续太久，因为某些力量正在发挥着将经济带回正轨的作用。而事实证明我是正确的。

时间快进到21世纪10年代末，当我重回韦仕敦大学时，也进行了类似的思考，并且这种思考可能会因为我的相关训练和经验变得更加清晰。我试图帮助毕业生从"我应该学会什么以及应该如何运用学到的东西"这个视角转变到"既然我已经学会了如何学习,接下来我要学些什么"。这一转变的过程极其困难。但在今天飞速变化的世界中,那些学会学习的人肯定会超越其他人,并获得成功。这些毕业生需要适应经济变化和职业间断,这种间断会比我经历过的更为频繁。我建议他们把学习变成一种习惯。向他人请教是比自学更高效的学习方式,实际上,与大量阅读某一主题的书籍相比,同具有相关实践经验的人进行 30 分钟的交流,通常可以使你更快地学到更多。

在西部大学的毕业典礼上,我非常幸运地向工程学的毕业生致辞。作为一名科幻小说的忠实粉丝和学者,我知道这些毕业生无须担忧就业问题。在电影《星际迷航》中,无论出现什么问题,无论主角多么聪慧,最终总是依靠斯科蒂、乔迪、迈尔斯或星际舰队的工程师来解决问题,因为他们擅长研究新东西并能够实时应用知识。我对这些毕业生以及他们的父母也是这样说的,即使大家期望央行行长在如此正式的场合讲的并不是这些内容。就业极其重要,并且将成为塑造经济的五种构造力中与个体最为相关的力量,因为劳动力市场与所有的一切都有关联。与过去相比,未来的不确定性将产生更严重的影响,几乎没有人能免受这五种构造力及其相关波动的影响。

劳动力市场似乎从未保持过平衡和安宁,因为总是会发生一些事情,导致其出现动荡。劳动力市场的压力可能来自两个不同方面:通常对就业市场造成暂时性影响的经济波动,以及会造成经济结构破坏的经济永久性变化。事实上,在现实世界中,这两者几乎同时发生,并可能无法区分,但其最主要的区别是,波动一般是短期的,且有涨有跌,而破坏则意味着在经济转型中会出现永久性失业。这两种都会叠加经济构造力的作用,从而导致更剧烈的经济波动,而技术进步则将永久性地摧毁一些工作岗位,同时创造一些全新的工作岗位。

不稳定的工作

在未来，五种相互作用的经济构造力将对经济产生更大、更频繁的干扰。这种波动是双向的，即个体既会受到好的影响，也会受到坏的影响。经济的每一次波动都将影响劳动力市场。从实际情况来看，经济波动会体现为更频繁的企业裁员期，偶尔体现为员工短缺期。这些时期可能会同时影响大部分经济部门，因为这种波动一般是宏观经济维度的波动。

我们已经很有规律地经历了多次经济周期性下滑，大约每十年发生一次，时间分别是1974年、1981年、1991年、1998年、2008年、2020年，可以此作为参考。每个周期都有不同的刺激因素，因此我们无法预测构造力导致经济周期性下滑的频率。但是，我们可以确定，这样的经济周期将会更加频繁地出现，且产生更大的影响。

当发生宏观经济事件时，无论是积极的还是消极的，政府和/或中央银行都会有政策响应。世界能够观测到的，以及个体所经历的，是某一事件与相应政策抵消过后的净影响。从理论上讲，需要设计出一种政策，能够完全抵消宏观经济事件产生的影响，使经济不受影响。但是，迄今为止，还未有人设计出这种完美的政策，经济构造力对经济环境造成的更大波动将给政府政策制定带来更大压力。这个问题将在第十二章进行讨论，但为了本章的论述，我们假设在实际情况中，当前的净波动较之前更为剧烈。

企业将与员工一起经历这种更为剧烈的经济波动，当经济疲软时，企业可能会决定裁员，而当经济情况向好时，企业之间又会争相雇用新员工。即使在某段时间内，正向波动和负向波动可以完全抵消，工作流失率的上升也并非没有成本，因为员工寻找工作或企业招聘员工都是有成本的。劳动力市场始终存在摩擦，而在波动更为剧烈的现实中，劳动力市场的摩擦将会加剧。

举个例子，某家企业在业务疲软时可能会进行裁员，这些被裁的员工会寻找其他就业机会；但当企业业务复苏时，却很难找到有经验的新员工。无论经济状况如何，这些摩擦预计都会导致较高的失业率。经济学家有时会将这种失业率称为"自然失业率"，这种失业率也被认为是不会产生通货膨胀压力的最低失业率。

我们曾遇到过这种情况。美国普遍的自然失业率在 4% 左右，这一观点在 2019 年得到了证实，那一年，失业率降至看似异常低的水平但却未引发通货膨胀。20 世纪五六十年代，自然失业率在 5% 左右，在经济和金融波动剧烈的 20 世纪 70 年代的通货膨胀期间，自然失业率上升至 6% 以上。随着通货膨胀减弱，劳动力市场愈加有序，自然失业率在近 40 年的时间里逐渐下降。五种构造力产生剧烈波动的一个极其重要的后果就是劳动力市场的摩擦增加，这也将导致自然失业率在全球范围内上升。

这种商业波动加剧极有可能给劳动者带来巨大影响，例如，就业不安全感增加，失业更为频繁。在经济增长强劲时期，工资的发放会比较灵活，在经济衰退期间也可能如此，这会导致劳动者平均收入降低，就业和收入的不确定性增加。

经济波动加剧所造成的后果远不止个人安全感的降低，甚至会造成实质性的成本上升。失业期对个人的不良影响会随着家庭债务的增加而变大。与一个只用 20% 家庭收入偿还债务的家庭相比，用 40% 的收入来偿还抵押贷款的家庭更有可能失去住房。

毫无疑问，这种额外的经济不确定性对个人来说极为不公平。众所周知，许多劳动者已经意识到收入分配的不公平。而随着第四次工业革命的推进，收入不平等似乎注定会加剧。激励措施改变时，行为也会相应改变。人们将如何适应这种更具挑战的就业环境？

一种可能出现的情况是延长劳动者工龄。人口老龄化意味着劳动力增长速度放缓，企业可能难以招聘到掌握相关技能的员工。因此，企业可能会调整薪酬体系，以鼓励员工延长工作年限。面对经济不确定性的增加，家庭可能会在正常退休年龄临近时对未来感到不安。他们可能已经经历了多次经济波动，尚未达到退休储蓄目标。因此，他们可能会认为极有必要延长工作年限。

另一个可能出现的情况是，劳动者会尝试与雇主进行协商，以获得更好的工作条件，如更高的工资或工作保障。20世纪七八十年代，北美汽车制造商与其工会之间的协商就是典型的例子，被解雇的员工获得了部分收入以及政府提供的失业保险。这使得掌握技能但被解雇的汽车工人可以暂时待命，防止他们去寻找其他就业机会，从而为制造商在用工需求回升前节省了时间和精力。在第十三章，我会详细论述这一点。

然而多年来，由于各种原因，发达经济体的工会组织数量持续减少。大约30年前，美国工会覆盖密度约为劳动力的20%，而如今大约只有10%。德国的工会覆盖密度从大约30%下降到约17%。英国工会覆盖密度从约30%下降到略高于20%。即使在工会组织相对庞大的瑞典，其工会覆盖密度也已经从超过90%下降到略高于60%。导致工会数量减少的原因有很多，例如，制造业在总经济中所占份额的缩小，以及20世纪90年代人们普遍认为在经济繁荣时期没有必要保留工会组织等。

近年来，劳动者的收入在经济总收入中所占的比例一直稳步下降。在发达经济体中,这一比例从 20 世纪 70 年代的 55% 左右下降到近年来的 50% 左右。在美国,这一比例在 20 世纪八九十年代保持着 20 世纪 60 年代的水平,但在 21 世纪初开始下降至 20 世纪 50 年代的水平。如前文所述,这主要是由于技术进步以及"优胜劣汰"的现象强化了全球化的影响,同时金融行业的收入普遍较高,因此这也与金融业就业在总经济中所占份额的增加有关。从实际情况来看,这一趋势表现为劳动者工资的增速低于其生产率增速。

此类分析有助于重新引起劳动者对工会组织的关注。因此,在不同经济领域,不论是亚马逊的某些员工还是优步的零工劳动者(司机)都在试图组建工会,便不足为奇了。然而,这并不意味着工会真的会复兴,因为最终结果如何将取决于劳动者和企业之间的协商情况,积极化解这些压力的企业可以避免建立工会组织。重要的是,经济构造力将加剧经济波动,而雇主与雇员之间的合同性质也将随之发生变化。

经济构造力对就业的结构性破坏

经济构造力对就业造成的第二个影响,就是结构性破坏。未来几十年,技术进步对就业的结构性破坏会成为一种永久性破坏。结构性变革,也就是创造性破坏,即一部分经济将走向衰落,而另一部分则开始兴起。这种影响极为直接且明显,新技术淘汰了某些工作种类,改变了工作性质,转变了经济的增长路径。在经济构造力中,由第四次工业革命和气候变化推动的能源转型所带来的技术进步将产生显著且持久的破坏性影响。

经济增长往往呈现出上下两层,增长较慢的下层是正在重组的部门，增长较快的上层则是新兴部门，经济学家将这种经济模型称为 K 型经济。任何破坏就业的结构性变化都会使一些人处于 K 型曲线的底部，而再培训或者搬迁可能会让他们重新回到曲线顶部。经济构造力的共同作用意味着更多劳动力可能会在某个时刻处于 K 型曲线的底部。第四次工业革命的持久性意味着个体可能会长期处于 K 型曲线的底部，有些人甚至可能永远无法进入顶部。

世界经济论坛于 2020 年进行了一项关于全球劳动力市场如何应对第四次工业革命的研究。该研究对全球 291 家不同企业进行了全面调查，这些企业代表了全球约 770 万名员工，涵盖了全球经济占比约 80% 的部门和国家。该研究发现，新冠疫情加速了对就业的破坏，技术驱动的创造性就业预计在未来五年内无法超过这种破坏性的影响。据此，该研究得出结论，新技术的运用加速了后疫情时代出现失业复苏的风险。预计到 2025 年，全球约 15% 的劳动力将面临被淘汰的风险，6% 的劳动力将被新技术完全取代，且大约有 8 500 万个就业岗位可能会被机器所取代。

好消息是，根据该研究，企业预计将创造多达 9 700 万个新工作机会。当然，由于"创造性破坏"中的"创造性"，这些工作将各不相同，在同一家企业内部可以同时看到"破坏"和"创造"这两个方面。全球 84% 的雇主认为数字化工作流程带来了重大机遇，远程工作或混合工作模式也具有巨大潜力。

该研究指出了一些可能遭到重创的职业类别，其中包括计算机操作员、行政助理、归档员、数据录入和薪资管理人员。而新兴领域包括云计算、人工智能、数据科学、加密技术、机器人、电子商务和个人护理。有趣的是，风险管理专家在职业需求增长列表中位列第 20，结合本书的核心观点，这个结果令人振奋。世界经济论坛的研究有助于我们深入了解个人的未来,然而在宏观层面进行的调整却未能得到足够关注。

如前文所述,技术进步下的就业调整有三种渠道:第一,新技术会颠覆或导致现有职业消亡;第二,新技术会创造出前所未有的职业;第三,新技术会创造新收入,同时使多种产品的价格更为低廉,并创造新的购买力。

现实生活中,人们更关注技术进步对就业的破坏效应,这一点并不奇怪。新的工作岗位时常出现,但媒体的相关报道较少,甚至经常称这些岗位十分奇怪,或完全超出了被新技术取代的工人的技能水平。但是到目前为止,从经济上来说,第三种渠道最为重要,且重要程度远远超过另外两个。然而几乎无人关注第三种渠道,因为它是无形的,且很难证明其存在。新技术产生的新收入和因价格下降而催生的普遍购买力提高刺激了经济需求。因此,所有领域、所有技能水平的商品和服务部门对劳动力的需求都会增加。

传统上,我们认为新技术对经济的影响是淘汰采用旧工作方式的劳动者,同时在新技术领域创造就业机会。然而,世界经济论坛开展的研究所描述的问题是,在被淘汰的劳动者中,很少有人能够从事那些新创造的工作,例如,一位被裁员的 50 岁的制造业工人不能突然开始靠写代码谋生。虽然这项研究很有价值,但它只关注到了问题的一部分,而忽略了技术进步的第三种渠道所产生的最重要的影响。

我们可以通过一个曾被广泛研究的真实例子,即第三次工业革命来说明这一点。1990—1992 年,美国联邦储备委员会主席艾伦·格林斯潘在任期后半段遭遇了经济下滑后的无就业经济复苏,其特征是经济增长强劲,通胀率低于预期水平。根据当时的货币政策框架,维持低利率的时间比预期更长。现在我们已经意识到,这种政策积累了金融的脆弱性，这在随后的全球金融危机和经济大萧条中得到了体现。我们暂且将这个问题搁置在一旁。

2018年夏天，美联储主席杰罗姆·鲍威尔在怀俄明州杰克逊霍尔的演讲中形象地称，美国货币政策在20世纪90年代中期面临了高度的不确定。当时，美联储主席格林斯潘及其同事发现难以估算美国经济的最大潜在增速。许多评论家认为，格林斯潘正冒着允许通货膨胀上升的巨大风险，因为经济似乎正在逼近极限。格林斯潘在他2007年出版的书籍《动荡年代：勇闯新世界》中称，即使是当时的总统比尔·克林顿也完全了解经济学家围绕避免通货膨胀最大增长率的辩论。1996年初，当格林斯潘再次获得任命时，总统公开提出了这个问题，虽然从政治角度来看会令许多人惊讶不已，但从格林斯潘在工作中的表现来看并不奇怪。根据格林斯潘的说法，随着经济增长进入第六个年头，总统想知道经济在更快增长、更高工资和新增就业方面能够实现些什么。

在接下来的几年里经济状况不错，经济持续扩张，通胀率保持低位。格林斯潘猜测计算机技术的广泛应用正在推动生产率的提高。经济持续增长，新的就业机会不断涌现，并且将失业率降低至许多人担忧可能会引发通货膨胀的水平，但通胀率依然保持低位。格林斯潘专注于通货膨胀的表现，几乎没有考虑其他因素，在他看来，虽然从经济模型来看利率应该提高，但这种做法毫无理由，因为这会使经济增长陷入停滞。事实证明，这项决策十分明智，因为相比于第一次和第二次工业革命时期，这一次经济向新技术的转变更加顺利，货币政策受到金本位制的严格限制。

回溯历史，从20世纪90年代开始，技术进步显著提高了美国经济的产能。21世纪初，新技术的推广使国民收入水平较十年前经济学家的预期水平提高了超过 10 个百分点。然而，这个现象直到 2000 年前后才引起人们的重视，因为在 20 世纪 90 年代晚期，经济增长一再超出预测，而通货膨胀并未相应增加，这引发了人们对经济产能提高的猜测，这是对此现象的唯一解释。如今我们意识到，在这段时期内，每年美国经济的潜在增长率被低估了约 1.25%。在没有经济模型指导且经济预测与现实并非一致的情况下，格林斯潘仅凭直觉就探索了经济的新极限。

现在很清楚的是，1990—1992 年经济衰退后的无失业经济复苏是计算机技术广泛应用的结果，潜在产出水平在十年内提升了 10%，这能很好地概括新技术所带来的社会效益。对于普通消费者来说，主要表现为两种形式。一是生产率的提高会导致工资增长，尽管我们知道技术企业和生产全球化占据了大部分技术红利。二是技术的普及降低了整个经济的成本和价格，这意味着广大消费者的购买力普遍提升。这两个过程都是动态的，需要时间来实现，并且可能需要相当长的时间。由于技术原因，新就业岗位的创造滞后于旧就业岗位的消失，这使得经济复苏阶段似乎没有就业机会。

新技术的关键优势出现在第二阶段，即低通胀率使联邦储备委员会能够维持比预期更低的利率。经济自行增长，企业业务增长势头强劲，能够以较低的利率投资新产能，久而久之，经济的整体产能有所提高。催生这一切的根本力量是无法实时观测的，就像存在于宇宙中的暗物质一样。21 世纪初，美国失业率创新低，且通货膨胀仍然低于目标，第三次工业革命的全部红利已经实现。

从基础层面来看，经济学家观测到了第三次工业革命中的 K 型扩张。顶部轨道表现出产出和就业的强劲增长，底部轨道则表现出企业在努力应用新技术并进行裁员，那些失去工作的劳动者则发现自己因未能掌握新技能而无法实现转型。然而，新技术所带来的更广泛的宏观经济效益至少占国民收入的 10%，这是经济预期的巨大提升。经济中的总收入相较之前高出 10%，这种情况不仅发生在 2005 年，之后的每一年都是如此。对于美国经济而言，这意味着每年将拥有超过 2 万亿美元的额外消费能力，而且是永久性的。

这额外的 2 万亿美元在整个经济中将用于购房、房屋翻修、衣食住行等，这在 IT 和 IT 服务行业之外创造了全新的就业机会。

在 20 世纪 90 年代至 21 世纪初，其他经济体在全球范围内纷纷应用新技术时结果亦然。这意味着，每一次技术进步都有望降低通货膨胀、扩大实际收入、增加消费，最终创造足够多的就业机会，让大多数人从经济增长的缓慢轨道转向快速轨道。这种经验与前两次工业革命非常不同，因为经济体一直根据通货膨胀目标来制定货币政策，而不是金本位制度。

展望第四次工业革命，一种常见的预测是卡车司机将会失业，因为无人驾驶车辆有望普及。然而，这种结构性变化经常被描述得好像会在短短一个周末之间发生。但卡车的使用年限很长，用无人驾驶车辆替换卡车的经济效益取决于无人驾驶卡车的成本，以及辞退司机多久后才能收回投资等因素，而且无人驾驶车辆还需要制造、监控、管理和维护；换句话说，仍需要由人来监管无人驾驶车辆。这些基础设施及其相关服务对于卡车所有者来说并非毫无成本，这将创造多种目前不存在的新岗位。用无人驾驶车辆替换现有的卡车可能需要花费几十年的时间。甚至可以想象，这可能会与卡车司机的退休率相匹配，从而使司机很容易适应这种转变。

即使如此，我们也需要考虑被取代的卡车司机未来可能会从事的职业。这将取决于无人驾驶卡车的发明者、制造商、程序员、监控员和维护人员如何支配他们的收入。那些从事无人驾驶车辆相关新工作的人可能会买房，这将在房屋建造及翻新、火炉维护、家具生产等领域创造就业机会。新技术增加了总收入，这只是宏观经济效应的一个方面。不仅是在新技术领域，在整个经济领域内，全新的就业岗位层出不穷，这为失业的卡车司机提供了广泛的就业机会。要想成为一名火炉技术员、电工、石膏板安装工、屋顶安装工或其他建筑行业的工人，个人需要提升自己的技能，而这一点并不难做到。但不幸的是，人们从未将促进就业增长的关键力量归功于最初的技术进步，他们认为这只是正常的经济增长。

这正是过去每次工业革命结束后发生的情况，但上述分析表明，随着时间的推移，决策者在应对此类结构性破坏时越来越得心应手。这令我相信，我们无须过度担忧第四次工业革命可能产生的职位替代现象。然而，这并不意味着我们可以从容应对，相反，对于长时间处于 K 型曲线底部的家庭来说，尤其是那些负担高额债务的家庭，很难度过此类"职位替代"时期。但是，如果决策者能够妥善处理第四次工业革命造成的不利影响，我们便能够拥有一个光明的未来。

人口老龄化及未来新的就业机会

世界经济论坛的另一个重要研究发现是未来护理人员这一职业会越来越重要。古德哈特和普拉丹在《人口大逆转》中对这个问题的看法十分独特。随着"婴儿潮一代"的老去，老年抚养比例将上升，这意味着老年人可依赖的年轻人数量减少，而老年抚养比例的上升意味着患各种痴呆的老年人比例上升，因此，他们对个人护理人员的需求远高于过去。虽然这意味着对专业护理人员的需求不断增加，但在许多家庭中，这也可能意味着个人将其精力从工作转移到无偿照顾老年人身上。无论出现哪种情况，都对经济增长不利，因为更多的人将从事一种对生产力毫无益处的工作。此外，劳动力短缺问题可能会加剧，除非移民数量有所增加。

世界卫生组织预测，2018年全球范围内照顾痴呆患者的成本约为1万亿美元，到2030年可能翻倍，这一新问题对全球来说十分严峻。当然，理想的解决方案是对痴呆患者进行医学治疗，但如果目前并未找到有效的解决方案，那么社会需要做好相应准备。

对于如何适应这些压力，社会可能会采取一些措施。未来将需要更多的护理人员，而且由于痴呆患者本身具有特殊性，这些护理人员最好能够在工作中提供重要的情感支持。极有可能出现的结果是，护理人员与每位需要照顾的患者共度一定的时间，时间长度与其病情的严重程度成正比。或许有些人需要全天候照顾，这不免会导致某种机构化的生活方式，为了满足这一需求，未来政府可能需要进行大量的公共投资。

在后疫情时代，相互作用的构造力将加剧经济和金融波动，对劳动力市场产生影响，从而直接影响个人，使个人在决策时面临更大的风险。波动性意味着既有好运也有厄运，虽然平均而言最终会有一个合理的结果，但是人们仍对结果的不确定性感到不安，毕竟人在平均水深为6英寸的小溪里也可能会溺亡。

在这个充满风险的新环境中，个人、企业和政府的行为都会发生变化。人们会更加频繁地失业、找新工作，这个过程会耗费大量时间，从而导致自然失业率上升。在企业行为或政府政策并未改变的情况下，更高的就业风险将成为家庭做出重要决策的关键因素，如购房、储蓄以及偿还债务。换句话说，在这个新常态下，人们在家庭开支方面会更加保守，他们期望政府和企业能够管理更高的风险。政府也会根据情况调整政策，这是第十二章将讨论的主题。企业也会调整其行为，我将在第十三章中详细讨论这一主题。

在探讨政府和企业如何适应下一个不确定的时代之前，我们先来讨论个人和家庭的另一个核心关注点——住房。人口老龄化、就业市场的持续动荡以及房价的攀升，是否会回归旧时代的工作与生活模式，即英式管家模式？由此，不难想到《唐顿庄园》中底楼仆人对楼上三代人的忠诚情况。在该系列剧集的最后，由于收入不平等以及庄园日益紧绷的财政状况，底楼的仆人开始感到不满，而克劳利家族的第四代子孙也无法再居住在家族庄园之中。如今，我们有没有可能保留类似于《唐顿庄园》的工作与生活模式，但配备更现代化以及更完善的薪酬制度，同时解决社会中的这两大问题呢？这个问题涉及住房，我将在下一章进行讨论。

第十一章

未来的住房

追忆：家庭住房的变迁

对于我的父母来说，唯一值得拥有的资产就是房地产。他们没有积蓄，也没有养老金。在我们家的餐桌上永远不会听到关于股票市场的讨论，他们只会用一种嘲讽的语气说"那不适合我们"。他们靠血汗攒下的钱都用在了改善住房上。

1960年，为了能在这个国家拥有一套理想的住房，他们掏空了家底。先是出售了位于格里尔森街的房子，从银行那儿获得了新建房屋的抵押贷款，雇用了承包商，然后按计划建造房子。由于预算有限，我父亲自己也干了很多活儿。在七年后我们都离开了那里，我还记得铺着胶合板的下沉式客厅，那是我母亲极为珍视的地方。

对于我们来说，在长期失业结束之际放弃那套房子是第一个财务重挫，同时我们也没有足够的资金重新建造一个相同规模的房子。然而，我的父母将之前卖房的一些钱和相当一部分精力投资在了我们后来住的祖父母的房子里，这再一次证明了他们对房地产的偏爱。不久之后他们就为卡沃萨湖地区一套简陋的度假屋支付了首付款。与今天不同，在当时，一处度假资产的价格并不高昂。我记得我父母虽然需要借钱才能买下它，但所需金额很少，因此卖家同意私下贷款。于是，血汗钱又转而被投资到了这套度假屋。

祖父母都去世后，老房子被卖掉，收益作为遗产被分配了。我父母又买了一套房子，后来他们搬到了另一套更大的房子。他们还卖掉了那套度假屋，换成另一个空间更大的度假屋。我父亲退休后，他们再次搬家，搬到离他们在渥太华的第一个孙子更近的地方。在母亲去世后，我父亲卖掉了度假屋，房子也换成了一套小的。父亲去世时留下了一笔不大不小的遗产，这笔遗产几乎全是房产。

显然，我的父母并不是在实施一个具有连贯性的总体房屋规划，而是做了一系列因地制宜的住房优化。在我的父母大概 50 岁的时候，他们持有的房产处于峰值，拥有一个美丽的家和一个设备齐全的湖边小屋。在我父亲 60 岁出头时，房产的主要部分减少了，然后在我母亲去世后，房产持有量再次减半。我父亲从未为提供养老金的雇主工作过。他的财务计划很简单：最大限度地投资房地产，并积累足够的储蓄来补充政府养老金。多年来更换的七套不同的房子和两套度假屋，提供了足够的资本增值，使他们能够舒适地退休并持有剩余资金。

如果经济和金融波动的加剧首先波及的是就业市场，那么其次就是房地产市场。房地产市场的波动会影响到每一个人，无论他们是否有工作。经济不稳定将波及购房、售房、房地产建造以及房价等房地产行业的方方面面。

我这个年龄段的人与我父母那时候一样，主要经历的是房价上涨。而当房价下跌时则会出现一些危机，例如 1990—1992 年的经济衰退和全球金融危机，但这些记忆往往会随着房价持续上涨的光芒而消退。过去的经历和未来有两个重要的区别：一是房地产市场波动会更大，二是房地产市场波动会更频繁。对房价不断上涨的预期将被颠覆，因为房价的下跌时期总是更明显，更难忘，它对人们关于房地产的态度有着显著的影响。

房地产市场波动和房价波动是一回事，但房地产泡沫则是另一回事。近年来，人们对住房的担忧程度急剧上升，尤其是在新冠疫情暴发后，因为房价上涨速度一直在加快。人们很自然地开始担心房地产泡沫随时可能破灭，并将这种情况归咎于央行长期将利率维持在如此低的水平。

现实情况远比这复杂。要得出房价随时可能崩溃的结论不仅需要具体了解房价是多少，同时需要考虑到其他成本。为此，分析者需要一个模型来预测在没有投机或非理性繁荣的情况下房价会是多少，但正如前面所讨论的，经济模型很少可靠到可以支持这样的结论。当经济构造力起作用时，模型就很容易失败，如今就是这种情况。与经济中的其他问题一样，想要了解住房问题，就必须了解各种经济构造力的动态变化，但我们的目标不是预测接下来会发生什么，而是做好准备在未来管理更大的风险。

房屋所有权是制度基石

在许多发达国家，拥有房屋是生活的基石。包括美国、日本、英国、法国、意大利、墨西哥、韩国、澳大利亚和加拿大在内的大多数主要经济体的房屋所有率都在 60%~70%。在经济合作与发展组织成员中，只有瑞士和德国的租房者数量超过业主，仅有约 40% 的人直接拥有或贷款拥有自己的房屋。其他一些经济体的房屋所有率也极高，印度超过 80%，罗马尼亚约为 95%。这些差异在某些情况下是文化上的，或者是由于有利于房屋所有权或租赁的税收制度。无论如何，房地产市场几乎对每个人来说都很重要，因为他们要么已经是业主，要么希望成为业主的租客。

在我的印象中，人类偏好所有权而非租赁，就像鸟儿用自己的羽毛筑巢一样天然质朴，这种财富积累的本能是大自然母亲赋予所有物种的深层驱动力。房东通常会意识到这种愿望，并允许租户自行对房屋进行装饰，有时甚至会分担此类项目的成本，前提是他们认为这种装饰会增加所租房屋的市场价值。

这种本能使得自有住宅成为一种自然情况，因为买房可以改善居住者的生活体验，并可以作为传递给子孙后代的积累资产。我父亲以房地产和劳动为主的财务计划并不是独一无二的。他最大限度地利用房地产，获得了比他将资金存入银行所获得的收益高得多的回报，并通过自己的劳动使房产增值，增厚了利润。在那些日子里，投资股票市场是一种相对新奇的现象，特别是对于那些小规模的投资者而言。

换句话说，拥有房屋的愿望主要出于自然的驱动力，而非政府的意愿。然而，纵观历史，政府经常出于政治原因利用这一基本愿望，促进或以其他方式鼓励人们拥有房屋，并声称能帮助人们实现梦想。正是基于这一原因，美国、荷兰和印度等国家的政府将抵押贷款利息作为一种税收减免政策。根据经济合作与发展组织统计，挪威、英国、荷兰和瑞典提供的这类税收减免计划的力度最大，其次是美国、比利时和加拿大。

加拿大对住房部门的政治支持由来已久。二战后，基于刺激经济和帮助退伍军人入住体面住房的计划，加拿大成立了加拿大住房抵押贷款公司。我的祖父母就住在该计划在奥沙瓦建造的战时房屋中。随后的政策变化旨在进一步鼓励人们拥有房屋所有权。加拿大住房抵押贷款公司为抵押贷款提供的保险使得总体风险降低了，银行更愿意提供抵押贷款。购房所需的首付款逐渐减少，这让买房变得更容易。

从历史上看，住房投资约占典型经济体的5%。自金融危机爆发以来，在大多数主要经济体中，住房在经济中的份额一直接近7%或8%。长期的低利率政策使购房变得更加容易，并增加了市场参与度。对人口老龄化的分析表明，这种情况可能会持续一代人或更长时间。

如今60多岁的人只能惊叹，他们的孩子为拥有房屋所支付的利率是如此之低。然而，这并不意味着今天的年轻人支付的利息比他们的父辈少，因为房价的上涨基本上抵消了低利率带来的好处。事实上，抵押贷款支付占可支配收入总额的比例，即所谓的偿债比率，多年来几乎没有变化。这表明家庭倾向于购买尽可能多的住房，无论利率是多少。换句话说，约束人们买房的不是抵押贷款的规模，而是每月还贷金额占月收入的比重。

房价的基本影响因素

购买房屋可以带来两方面的好处，即未来很长一段时间的自有住房和可以终生积累的资产，就像一家企业通过持有其股票所获得的收益一样。重要的是，抵押贷款利率越低，未来住房的现值就越大，就像在利率较低时，对于给定的收益，企业的股票价格会更高一样。因此低利率会产生两个影响：一是使抵押贷款变得更容易，从而增加了对住房的需求；二是通过资产估值提高了房价。利率和房价之间的这种相互作用被称为"利息资本化效应"。从理论上讲，假设利率保持不变，以人口增长的速度建造新住房将使房价大致保持不变，但有两个值得注意的点都与地理有关。

第一点，用于建造新住房的土地可能很稀缺，在这种情况下，不断增长的人口会通过更高的土地成本给房价带来上行压力。明显的例子是中国香港和温哥华，自然地理因素限制导致房价上涨。

第二点，即使土地充足，位置便利的土地也总是稀缺的，而且会随着城市的发展愈加匮乏。从历史上看，人们愿意花更多的钱住在靠近市中心的地方，从而节省通勤的时间和成本。随着城市的边界不断向外延伸，房价上涨，而且越靠近市中心房价上涨得越多。这种价格效应不受地理位置、新开发地价、新房供应或利率水平的影响。

但这一点被低估了。假设我们要在国内一个开阔的地区建造一座新城市，将所有企业都设在城市中心，并在从中心到外环的区域发放住房许可证。随着越来越多的人被吸引到这座新城市，对市中心商业空间的需求将会增加。在郊区外环建造房屋的人将支付较低的土地价格，但每天上下班的通勤时间会更长。那些生活在更外环的人将花更多时间通勤，因此人们愿意花更多的钱住在更近的中心，而不是在最远的外环。随着城市的发展，从郊区到核心地区上班的成本不断上升，当然不仅包括公共交通成本，上班的时间成本也可能很高。人们上班通勤的时间越长，就越愿意花钱住在离工作地点近的地方。城市的存在是为了利用人们在市中心一起工作时产生的协同效应，这一本质决定了很多日常活动将在市中心进行。因此许多人每天必须前往市中心。

这种逻辑导致城市核心区高楼密集，房价比郊区高。这就是经济学家所说的"竞租曲线"，而所有城市的竞租曲线都是从郊区开始稳步上升，直到市中心的。城市越大，通勤时间越长，市中心的竞租曲线就越陡，无论通货膨胀和利率有什么变化。

即使人口不变,房价也会因利率波动而发生显著变化。如果利率降低,那么有买房计划的人就有理由早点买房。但资本化效应会导致现房价格同时上涨。随着利率下降,未来住房服务的现值将会上升。

房价重估的过程很容易变得无序。较低的利率也提振了需求,因此价格上涨的幅度其至超过了资本化效应。计划买房但还没有资格获得抵押贷款的人眼睁睁地看着自己的梦想随着房价上涨而破灭;新房的供应可能跟不上需求的增长,这要么是因为施工滞后,要么是因为市政当局在释放新的住房用地和安装新房基础设施(如水、下水道、煤气和电)方面进展缓慢。后一种情形在加拿大最为常见。在这种情况下,房价的涨幅往往超出简单的房价模型所能解释的范围。价格的大幅波动吸引了投机者,即那些购买未建房屋的人,他们打算在完工后就出售,或是在几个月后转手从而从中获利。房价可能会突然且不可持续地上涨,并很容易下跌,这对肩负着大量抵押贷款的购房者来说是个坏消息,抵押贷款可能比房价下跌后的房屋价值还高。

在现实世界中,这两种形式的动态组合经常同时发生,使得价格变化更加复杂。新冠疫情恰好说明了房地产市场波动与经济构造力之间的关系。利率降至历史新低,资本化渠道推高房价刺激购房,从而进一步推高房价。与此同时,工作从办公室大量转移到家中,住房需求也转向郊区或农村房地产。因此,房价总体上涨,但竞租曲线趋平,因为城市外围的房价上涨速度快于市中心,企业和员工发现居家办公也可以很好地完成工作。其中的部分转变成了永久性转变。尽管最终情况会有所不同,但人们正在形成一种共识,即我们正在走向混合工作模式,一些员工每周只需在办公室工作一定的天数,其余时间居家工作。隐隐翻涌的经济构造力有望在未来从根本上改变我们对房地产的看法。

经济构造力导致的住房市场波动

在最近几代人看来，似乎没有什么因素能减缓房价上涨。部分原因是人口增长，特别是在城市，尤其是在市政当局和建筑商无法建造足够的房屋时更是如此。展望未来，人口数量可能会发生变化，但更重要的是，五种经济构造力的交互作用将为房地产市场带来新的波动。经济增长和就业冲击将影响房地产市场的活动和价格。利率波动将通过资本化效应导致房价波动。简言之，我们可以预期，利率波动性增加将证明房价可以下跌也可以上涨，而且这会变得更频繁。

较高的利率波动性自然会导致家庭行为的转变。总的来说，现在的观点认为住房投资的风险比过去更大，因为人们越来越认为房价的涨跌都更加不稳定。由于拥有房屋通常伴随着不能间断的抵押贷款偿还，利率的波动性增加将增大房屋所有权人的风险。简言之，更不稳定的环境很有可能导致大众偏好转向租房而不是买房，这会让房东而非租客承担更高的风险。

这种逻辑与人们对房屋所有权的偏好背道而驰。人口老龄化导致实际利率下降，所以这种偏好正在被加强。在没有其他经济构造力的情况下，人口老龄化将意味着住房持有率持续上升，用于住房建设、维护和翻新的经济份额也会持续增大。这也意味着现有房屋的价格呈上升趋势，因为即使人口老龄化叠加低实际利率，人口增长也会继续。

然而，构造力的相互作用将加剧房屋销售、价格和利率的波动，自有住房因而面临着更大挑战，购房需求可能会相应减少。这些相互对立的因素影响着人们的购房决策，而最终结果则取决于人们如何应对更高的风险。比如，一些无意搬家的房主将会"静观"房价波动。为了应对抵押贷款的利率波动，可以先用短期贷款或等待利率降低再购入。越发频繁的失业潮造成的收入差距可以通过增加储蓄来弥补。那些因为价格过高而无法买房的人则不妨耐心等待，以继承父母的房子（假设有的话）。

房贷和人生规划

目前，这一系列波动对一部分人来说可能没什么，而另一部分人则会感到不安。政府在鼓励人们购买房屋的同时，也在间接促使他们背负更多债务，尤其是在那些因房屋稀缺性导致房屋相对价值大幅上升的国家。因此，在许多发达经济体中，房屋贷款与可支配收入的比值已达到非常高的水平。丹麦、挪威、荷兰、瑞士和澳大利亚等国家的债务收入比最高时超过200%，加拿大、英国、瑞典、韩国等国家普遍超过150%，而美国、日本等国家更多处于100%的范围内。值得注意的是，就在全球金融危机爆发之前，美国的负债率远高于150%，金融危机主要对美国房地产市场造成了重大影响，此后开始了一段家庭去杠杆时期。

这样的家庭负债率对于在大萧条时期长大的人来说非常可怕，比如我的父母，以及他们那仍谨记教训的下一代。更重要的是，这种家庭债务总体衡量指标代表的是所有家庭的平均水平，由于许多家庭根本没有债务，负债家庭的平均债务水平实际要高得多。有人建议，政府应进一步限制家庭借贷，以防止未来发生灾难。灾难发生的原因并不总是相同的，但结果通常是一个家庭借了太多钱，无力还款，最后失去了房子，变得一贫如洗。时至今日，金融系统仍难逃"脆弱"的宿命。与所有问题一样，我们有不止一种看待它的方式，用多种方式看待它就容易找到更有利的视角。

关于家庭负债，评论家似乎构思好了一个标准的人生规划，这种规划基于20世纪的旧价值观。规划是这样的：组建家庭，生育孩子，在存够钱之前就需要更大的房子，于是贷款买房，支付25~30年的抵押贷款，并在退休前还清。这样，家庭收入能够以房产的形式储蓄下来，如有必要，可以在退休期间动用这些储蓄来补充收入。他们在孩子离开后可能会换一个小房子，也可能在退休期间成为租房者，并使用之前出售房屋的收益来补贴退休后的生活。

租房还是买房

显然，如此标准的人生规划并不适用于所有人。一些城市的平均房价已经很高，比如伦敦、巴黎、悉尼、温哥华或中国香港。年收入在平均水平的普通市民很难攒够首付并获得抵押贷款。保守来说，解决方法就是租房而非买房。这意味着为家庭找到合适的住所，找到合适的房东，并一辈子支付租金。如果退休后的收入不足以支付租金，则需要专门为此做好储蓄。

值得思考的是围绕抵押贷款的传统思想如何影响着买房和租房这两种不同的人生规划。假设一个家庭在一个有吸引力但很小的城市（如蒙克顿）工作和生活，并严格遵循标准的购房人生规划；另一个家庭则在温哥华工作生活，并发现以他们的收入无法支持偿还传统的25年或30年的抵押贷款，因此他们选择租房。为了在退休时与蒙克顿家庭拥有相同的财务水平，温哥华家庭必须在交房租之外进行储蓄，这样他们才能拥有相当于蒙克顿家族房屋净值的财务积蓄。假设他们做到了，那么这两个家庭便通过两条不同的路线到达了同一个目的地。略显辛酸的是，温哥华家庭从未有过拥有房屋的快乐或营造自己小窝的机会。

想象一下，如果放弃在 25 年或 30 年内还清贷款的传统模式，而是把时间拉长到 40 年或 50 年会发生什么，其实可以假设根本不需要还清，这样温哥华一家既可以拥有自己的房子，也不用一辈子向房东支付租金，而是向银行支付利息。通过每月支付部分本金，他们积累的资产类似于租房时可能存下的资产。他们可以在退休时出售房屋，以此还清剩余的贷款，结算手头的资产，也可以成为房东出租房屋以补充退休收入。或者他们可以在家中住到去世，届时出售房屋以清偿剩余的抵押贷款，屋中的资产归属于个人遗产。

对于温哥华家庭来说，这个计划与他们的终生租房计划其实只有两个区别。首先，他们以利息的形式向银行而不是房东支付"租金"；其次，他们拥有增值资产，从而在工作生涯结束时为自己的储备金增加资本收益。事实上，包括加拿大在内的许多国家，税收制度旨在支持自有住房而不是租房。就税后收入来说，以租房为基础的生活成本比买房更高昂。一辈子背负抵押贷款的温哥华家庭相当于与银行共同作为房屋的所有者，而房屋的所有市场价值增加（或减少）都由该家庭而不是银行获得。

通过改变关于债务的保守偏见，人们更容易将住房决策与投资决策区分开来。要对此进行理性分析，需要构建两种生活计划，一种基于租赁和金融资产积累，另一种则基于购房，并假定资产的积累将等同于租客的金融资产积累，无论房子的原始购买价格如何。这种分析需要建立在税后基础之上，因为在某些国家或地区，税收制度有利于买房，而其他国家或地区则有利于租房。

当今高效的银行系统仍对借贷保持如此高度的限制，无异于将昔日的是非功过强加给今日的借款人和贷款人。抵押贷款是借款人和贷款人之间的事情，即使一个家庭住在一栋价格过高的房子里，并不得不背负着贷款直到去世，该家庭的孩子仍将继承还清银行贷款后剩余的房屋净值。

另一种看待住房抵押贷款困境的方法是，不关注债务与收入的关系，而是关注债务与资产的关系。债务与收入的比值是衡量偿债能力的方式，其中更适合的衡量标准是偿债比率，即每年必须拨出多少收入才能偿还抵押贷款。当然，当今成熟的银行体系非常擅长评估某个家庭是否有能力偿还他们即将承担的债务。即使这些家庭出了错，他们也足以承担其中产生的任何损失。归根结底，抵押协议是在借款人和贷款人之间达成的。政府或监管机构缘何要将萌生于大萧条时期的旧价值观强加其上呢？

值得一提的是，如果将上述分析与生活中其他大笔金融交易进行比较是很有意思的，如购买机动车。与房屋一样，汽车可以被视为一种提供交通服务的实物资产。主要区别在于，汽车是折旧资产，而房屋通常是升值资产，如果房屋维护得当则能抵消折旧。比如一个人选择购买汽车，那么就会获得他所需的交通服务，同时所拥有汽车的价值会缓缓下降至零；第二个人选择借钱买车，每月定期还款，大约在车的价值接近于零的同时还完贷款；第三个人选择租用汽车，也是每月定期付款，这些付款实质上是在租赁期内租用运输服务，租赁成本包括汽车全部价值的利息加上汽车价值的折旧。在租约结束时，租赁者需要交还汽车并再次租车。

这三种方式有什么区别呢？首先这三个人都支付了汽车的折旧费。第一个人提前支付；第二个人随着时间的推移慢慢支付，并支付利息；第三个人也支付利息，但从未拥有汽车。他们为了拥有汽车而不得不支出的储蓄金额（无论是立即支付还是随着时间的推移慢慢支付）可以投资在其他地方，大多是投资于升值资产。选择租赁则更明确地区分了运输服务和提供运输服务的资产。关键是这三种方式本质上没有区别，如果有的话，那么人们会转向最好的选择，而竞争的力量会使三种结果再次相同。

那么为什么专家一边为那些为了开车而背负债务负担的家庭哀叹，一边又用一套有效的金融系统来使他们的个人偏好成为更优解？同一种反债务价值观同时在汽车市场和房地产市场作祟。

由于实际利率似乎注定会在很长一段时间内持续走低，家庭也将因此能够偿还比过去更多的债务。会有新的政策出台来干预这种情况吗？只有当借贷行为使整个金融体系面临风险时，才应考虑干预，在这种情况下，当局会调整有关贷款的监管参数。其中包括确保金融体系和借款家庭得到财务缓冲，使他们能够应对与就业、利率和房价波动相关的更高的风险。但是这些审慎定夺的参数一旦被设定好，无论人们处于生命周期的哪个阶段，都不应当再从道德的角度去评判债务了。

好像没有理由让租赁梦想中的住房变得和租赁梦想中的汽车一样简单。将房屋所有权的升值加到租赁结构中是很基本的算术，实际上，这是一种共同所有权模式，其中的承租人也贡献了一股本金。将房产的资本收益在居住者和金融机构之间分享并不难做到。居住者贡献的房屋装修和劳动付出等贡献也不难追踪。在现代金融体系中，人们对债务的态度与20世纪30年代时几乎没什么区别。

债务—权益框架

债务审查最有说服力的方法是对同类事物进行比较，也就是根据资产存量来判断债务。对于考虑购买房屋并有资格获得抵押贷款的家庭，通常需要支付10%～20%的首付。就一套价值50万美元的房子来说，20%的首付意味着10万美元的首付和40万美元的抵押贷款。假设这是该家庭在当时所拥有的一切，那么他们的债务权益比例是多少？有人会说是4∶1，若首付是10%则意味着9∶1。然而，这样说其实忽略了这个家庭现在拥有的这笔价值50万美元的大型资产。因此，实际的债务权益比例为0.8∶1或0.9∶1，而这仅适用于新购房者。

如前文所述，加拿大家庭债务占可支配收入的比例接近170%，而偿债负担约为收入的15%，而这种情况已经维持了几年时间。但请不要忘记考虑资产负债表的资产方面。加拿大家庭拥有约14万亿美元的资产，其中大约一半是金融资产，另一半是非金融资产，而金融负债只有约2万亿美元。因此，净资产约为12万亿美元，大约是经济总收入的5倍。在12万亿美元中，房地产占6万亿美元，未偿还抵押贷款占1.5万亿美元，其他贷款约为0.8万亿美元。由此可见，加拿大家庭房地产的总债务资产比例约为1∶4，即0.25∶1。

在商界，有一种比家庭债务更合乎逻辑的债务处理方式。企业融资项目的典型结构是60%的债务和40%的股权，债务股本比为1.5∶1。为了支持业务发展，企业几乎总是将债务和股权结合使用，因为适当运用财务杠杆可以提高投资资本的回报率。债务股本比因行业和企业而异。加拿大整体经济的平均比例约为1∶1，普遍的比例是 1∶1～1.5∶1。但审慎的债务评论家却认为，家庭的首选债务股本比应该是 0∶1，并且最好是在退休之前达到这一比例。

许多人在批评家庭债务时有意忽略的另一个因素是遗产效应。加拿大流通在外的个人房地产存量约为 6 万亿美元，即约 17 万美元每人，扣除未偿还的抵押贷款部分约为 12.5 万美元每人。这个人均数字包括所有个人，甚至是小孩。当一个人去世时，这种财富存量并没有减少，其中大部分甚至没有被征税，而且这种资产会被传承下去。承担大额抵押贷款的年轻人知道他们的父母有一天可能会留给他们一笔遗产。但他们不知道父母何时去世以及到那时留下的资产具体有多少。房产是由某人所有的，它的价值会被传递下去，这种影响很难把控，但我们都知道它将对年轻人的行为产生影响。

阿蒂夫·迈恩和阿米尔·苏非在 2014 年出版的《房债：为什么会出现大衰退，如何避免重蹈覆辙》一书中将美国房地产市场按邮政编码细分并进行了详细的分析。书中指出，在 2008—2009 年美国房地产市场泡沫破灭期间，房屋价值下降到未偿付抵押贷款以下（又称"水下"）的人减少了消费支出，即使他们无意出售房屋也是如此。被迫卖房的人最终得到的回报少于最初的贷款，而那些坚持住在家里，最终看到房价回升到高于最初购买价格的人则削减了支出，这与他们的收入水平或利率无关。但美国的经济衰退比预想的情况更严重、持续时间更长，不是因为收入降低，而是因为一些家庭认为他们的财富减少了。这就像在经济衰退期间收紧了货币政策。

为了减少经济波动对房价的影响，迈恩和苏非提出发展责任分担式住房抵押贷款。这个想法是在贷款人和借款人之间以不同的方式分担抵押贷款的风险。通常在抵押贷款中，所有风险都由借款人承担，如与利率波动、失业或房价下跌有关的风险。当出现任何问题时，贷款人都可以驱逐借款人并出售房屋。贷款人比借款人更有能力承担这种风险，因为他们有能力分散风险，而家庭的风险分散能力有限。

在责任分担式住房抵押贷款体系下，银行会为借款人提供一定程度的下行保护，借款人会承诺将拥有房屋的资本收益的一部分分享给银行。该财产基本上是共同拥有的，银行拥有的份额会随着时间的推移而下降。这样当某个地区的房价下跌时，月供也会下降相同的百分比。以此为前提，抵押贷款的本金也会减少，因为银行会承担房价下跌的风险。买方在（当前价格较低的）房屋中的股权份额将保持不变。而当房价回升时，抵押贷款和未偿还的本金也会恢复。

抵押贷款机构希望在这种风险重组模式下，收取更高的费用。这一额外成本将取决于对房价的预期以及房价的波动幅度。这是一个复杂的计算过程，但可以简单地通过调整未来房屋资本收益中分配给贷款机构的份额来校准。根据迈恩和苏菲的分析，基于美国房地产市场的历史数据，未来所有资本收益的 5% 给贷款机构，95% 给贷款家庭，这样的比例足以补偿贷款机构为提供责任分担式住房抵押贷款而承担的下行风险。比如说，如果某天房主出售房屋获得 10 万美元的资本收益，则其中有 5 000 美元属于银行。与对抗将来所有潜在的下行风险相比，这样的代价对借款人来说似乎不算大。

毫无疑问，使抵押贷款更像股权而非纯债务的共同所有权模型将意味着更稳定的经济和金融体系。一方面，如果抵押贷款机构分担未来的下行风险，就不太可能催生房价泡沫。另一方面，更少的购房者会因为害怕错过购房机会而过度消费，家庭财务的脆弱性就会随之降低。而最重要的是，房价风险不再是导致经济波动时间延长的重要因素，无论是上行波动还是下行波动。此外，五种经济构造力导致的风险上升趋势不太可能对未来房地产市场产生深远的影响。

未来，随着经济构造力相互作用而出现的房地产市场压力可能会使这种想法成为更受欢迎的风险管理形式。对于信用合作社等以社区为基础的金融机构来说，责任共担或股权共享抵押贷款模式似乎很合适。这种模式对加拿大的大型银行来说也很有吸引力，它们可以受益于更稳定的金融体系和更强韧的经济。

对住房进行客观分析是很困难的，因为它很个人化，且受到情感因素的影响。两个不同的家庭可能会对成本相同的两个候选住房产生截然不同的看法。这就是为何房地产市场如此特别，又对决策者来说如此重要。

经济构造力将给房地产市场带来新的不确定性。如果在新冠疫情后大多数主要城市的竞租曲线趋于平坦，那么这并不意味着房价停止了上涨。人口净增长将继续，即使人口老龄化意味着人口净增长的速度会比过去更慢。而且由于发展中国家的劳动力增长放缓以及气候变化压力，流向发达经济体的净移民数量可能会增加。如今，一个典型城市的竞租曲线由于通勤人数减少而变得平缓，但随着城市规模的扩大，即使市政当局加强对周边新地的开发，竞租曲线也将不可避免地恢复上涨。在下一个越来越不确定的以服务为导向的经济时代，新企业会选择开办在已经具有规模化市场的大城市，从而将移民吸引到大城市。随着城市规模的扩大，现有房屋的价格将比新房价格上涨得更快。在可预见的未来，剔除通货膨胀的利率会保持在非常低的水平，这将为全球房地产市场奠定坚实的基础。即使如此，超大规模的经济波动和利率震荡都会对房主产生影响，这种影响可能是更好的也可能是更糟的。

一些悲观的人因为受到过去支持房屋自有的政府政策的影响，可能会认为大多数国家的房屋自有率过高。高房屋自有率通常意味着高家庭债务水平，这使得经济容易受到利率或经济波动的影响。经济结构中房地产占比较高，意味着商业投资能力减弱和整体经济生产率增长步伐放缓。这些都没错。但遗憾的是，政治家认为他们知道什么对家庭最好，并试图改变一切。其实，决策者应该鼓励围绕大多数人生活中最重要的决策进行更多的金融创新。其结果将是提升风险管理能力，从中获得显著的宏观经济效益。

决策者经常被要求解决住房部门的问题，以及其他一切影响社会福祉的问题。接下来我将讨论经济构造力如何影响政府和中央银行的政策制定。

第十二章

风险的上升意味着向决策者征税

追忆：对政策的热情

可以从事政策制定方面的工作是我进入经济学领域的全部动力。通过实施经济政策来尽可能地改善整体生活对我有着强大的吸引力。鉴于这一崇高目标，我在加拿大中央银行工作时总是觉得意义重大。这种感觉在行长办公室尤为强烈，这是真正的意义重大。

这个职位的好处之一是可以与其他中央银行行长合作。在瑞士巴塞尔开办的国际清算银行每两个月召开一次会议。在这个固定的时间表之外，通常还有每年2~3次二十国集团财长和央行行长会议、几次七国集团会议、两次国际货币基金组织会议，以及在怀俄明州由堪萨斯城联邦储备银行主办的杰克逊霍尔经济政策研讨会。在大多数情况下，由一小部分行长组成的国际清算银行经济咨询委员会（成员来自美国、欧洲中央银行、日本、德国、法国、英国、意大利、加拿大、瑞典、比利时、中国、巴西、印度和墨西哥）与国际清算银行总经理、国际货币基金组织总裁和经济合作与发展组织秘书长一起参加会议。

在我看来，国际清算银行的会议无疑是最有成效的。二十国集团会议虽然信息量很大，但效率最低。毫无疑问，效率主要与会议规模有关。二十国集团会议的圆桌上围坐着 60 多位与会者，每个人身后还有一个后排议员。人们更多的是提供书面材料，而不是实时交流。尽管如此，走廊上的交谈还是让成员之间逐渐建立起了牢固的关系。七国集团会议更像是一场真正的对谈。与此相比，国际清算银行的会议，无论是在大房间（大约 80 名行长）里还是在星期日的小型私密晚宴（经济咨询委员会的 15 名成员）上，则促成了真正的国际政策协作。它的工作守则一直是发生在巴塞尔的事情就在巴塞尔解决。

我清楚地记得，就在就职的几周后，我作为行长第一次参加国际清算银行晚宴的情况。在到达国际清算银行大楼的顶层时，我看到的第一个人就是美联储主席本·伯南克。"主席，"我伸出手说，"我是加拿大中央银行的史蒂夫·波洛兹[①]。"

美联储主席礼貌地与我握手，轻声说："史蒂夫，我知道你是谁……在这里，每个人都叫我本。"

这次简单的交流定下了主基调，接下来，我们简要地谈了谈新手行长的感受。然后，英格兰银行行长兼经济咨询委员会主席，同时也是晚宴东道主的默文·金走近我们，说："史蒂夫！很高兴再次见到你，祝贺你就任新职，欢迎来到国际清算银行。这是我的最后一次晚餐，也是你的第一次晚餐，过来与我和本坐在一起。"说实话，我一直在掐自己，才能够确认这一切都是真的。

多年来，我与许多行长建立了密切的关系。我有幸与本·伯南

[①] 史蒂夫（Steve）是斯蒂芬（Stephen）的昵称。此处晚宴大家的称呼都比较亲切，如下文主席就称自己的名字为"本"。——译者注

克、继他之后担任美联储主席的珍妮特·耶伦以及鲍威尔一起工作，这三人与加拿大的关系之特别无须多言。每次会议我都会与克里斯蒂娜·拉加德谈话，她先是担任了国际货币基金组织总裁，然后担任了欧洲中央银行行长。克里斯蒂娜总是不忘问候我的妻子瓦莱丽，她们两个是在不列颠哥伦比亚省惠斯勒举行的七国集团会议期间认识的。这些会议还让我有机会与我的前任行长马克·卡尼保持密切联系，他曾两次担任"新手行长"并且热心关注加拿大的发展情况。有一年瑞典央行行长斯特凡·英韦斯邀请我和瓦莱丽去斯德哥尔摩参加诺贝尔奖的颁奖典礼，那场典礼真是令人难忘。我仍然留着白色领带和燕尾服，以备我受邀到《唐顿庄园》剧组用餐。

国际清算银行晚宴的餐桌是圆形的，象征着大家平等地共进晚餐。事实证明，这是我作为行长可获得的信息量最大的沟通渠道。在这里，我们可以集思广益、分享信息、开怀大笑并拉近关系。座位的安排每次都不同，有一天晚上我坐在来自德国的延斯·魏德曼和来自荷兰的克拉斯·诺特之间，另一个晚上我坐在来自欧洲中央银行的马里奥·德拉吉和来自墨西哥的亚历杭德罗·迪亚斯·德莱昂之间，等等，而对话则是跨越整张桌子交叉进行的，直到会议主席组织秩序并开始进行特定主题的讨论。第二天，我们将参加规模更大的全球经济会议，届时将有更多的中央银行代表出席。这些渠道建立的关系也得以开花结果。

我一直相信并希望中央银行业务主要在幕后进行。当然，我也坚信积极的沟通和透明的公共问责制。如果世界长期保持平静，并有良好的政策来维持稳定，人们可能会忘记中央银行，而对于我来说这将是成功的标志。

我目睹了我的前任是如何承受着全球金融危机的压力，并在此过程中成为家喻户晓的人物的。当我在 2013 年成为行长时，并不希望在我的任期内出现这些情况。无人知晓对我来说没有关系，我原以为这个计划会在 2014 年实现，结果出了点意外。在我搭乘从多伦多飞往苏黎世的夜间航班参加在巴塞尔举行的例行会议途中，空乘走过来给我倒了一杯饮料，并认出我之前搭乘过该航班。

"您为何这么频繁地到苏黎世来？"她问。显然，她认出我是因为我是空中常客，而不是加拿大中央银行行长。

"我定期在巴塞尔开会。"我含糊其词地回答。

"您是银行家吗？"

"嗯，是……实际上，是中央银行。"我又含糊地回答道。

"哦，我的天啊！或许你认识马克·卡尼？"

"嗯，是的，我的确认识。"

"酷！他本人和电视里一样厉害吗？他在经济危机中救了我们！"

"嗯，是的，他是一个出色的人。其实我明天晚上要和他共进晚餐。"

"哦，你好厉害！他真是太棒了……他们甚至聘请他出任英格兰银行行长……那，到底是谁接任了他的职位？"

我犹豫了一下之后说："好吧，是我。"

可以说她因为没有认出我而感觉很糟糕，但我向她保证，事情就应该这样，没有经济危机，中央银行没有恶名，没有需要担心的事情。

然而那一年接下来的日子里油价暴跌、经济受创，加拿大中央银行重新成为头条新闻的常客。在 2015 年 1 月以及后来的几个月，加拿大中央银行多次降息以缓解冲击，幸亏提前采取了有效措施，才得以降低对经济的损害。加拿大中央银行应接不暇地忙了一年多，才算使经济相对较快地回归了正轨。

尽管这一阶段充满了挑战且备受争议，但与新冠疫情的到来相比，它还是相形见绌。在新冠疫情防控期间与其他央行行长保持联系是非常必要的，尽管我们的国际清算银行会议不可避免地改成了线上进行。马克·卡尼退休后，杰伊·鲍威尔在新冠疫情防控期间成为国际清算银行全球经济会议主席。在2020年6月的最后一次线上国际清算银行会议上，杰伊说了一些夸奖我的话，其中大部分是事实，并让所有人把麦克风打开鼓掌。这是一个感人的时刻，这与传统的好友道别仪式不同，但同样暖心。这些友谊陪伴我直到今天。

在应对新冠疫情方面，世界各地的决策者做了很多努力，他们积极应对，这非常值得赞叹。最重要的是，2018—2020年形成的共识是在争论极少的情况下得到广泛认可，即货币政策几乎被用尽，因此全球经济的任何重大衰退都需要财政政策的帮助。

本章讨论的问题是关于后疫情时代财政和货币政策的制定。疫情导致政府债务大幅增加，所以需要考虑决策者未来将面临哪些压力。在新冠疫情暴发之后，很多人理性地质疑当局是否有足够的能力在不久的将来应对第二波疫情。换句话说，如果政府知道它们将在未来几年面临类似事件，它们是会在2020—2021年无所不用其极，还是会保留一些财政资源？大多数观察者似乎认为，在新冠疫情防控期间对决策者提出的要求是特殊的，永远不会再来，除非是在战争时期，而幸好战争很少发生。然而我认为五种经济构造力将在未来不时地把决策者推向极端情况。

决策者将面临的挑战有两个层面。第一个层面是结构性的：经济构造力将对政府支持项目提出越来越多的基本要求，从医疗保健到养老金再到失业和弱势群体。第二个层面涉及越来越高的波动性和风险：经济构造力将相互作用并与政治结合，导致更频繁的经济和金融波动，在此期间，公民自然会寻求政府的帮助，并更加依赖政府的支持计划。由于经济环境将变得更加难以理解和预测，个人和企业的日常决策将变得更具风险。个人和企业都将指望政府和中央银行来管理这种不断上升的风险浪潮。所以需要保有更多的政策储备，只在必要时使用，并在之后重建储备容量以备不时之需。所有这一切都源于一项被新冠疫情推翻的财政计划。

问题在于，政府和中央银行是否有能力应对经济构造力造成的结构性压力以及更大的波动性。简单地说，以现有的政策手段，即将到来的压力可能很大。

经济构造力将增加财政负担

除了预期的经济和金融风险上升，五种经济构造力意味着政府的财政负担将不断增加。政府的核心职责是提供公共物品，如国防军队、警务和灯塔等。这些是私人市场几乎永远不会自行生产的商品，这就是基础设施投资通常由政府承担的原因。政府的另一个典型职责是提供社会福利、教育、医疗和养老服务，并将国民收入重新分配给最需要帮助的人。

人口老龄化和寿命的稳步增长将对大多数国家的医疗保健系统造成巨大的财政压力。我们可以以加拿大的医疗体系为例来说明。根据加拿大卫生信息研究院的数据，在过去 40 年中，国民卫生支出稳步上升，从 20 世纪 70 年代占国民收入的 7% 左右增加到今天的 12% 左右。老年人大约占了其中的 44%，而他们占全部人口的比例不到 20%，这一点不令人意外。随着"婴儿潮一代"的老龄化和更大的养老需求，这一成本将在未来二三十年继续增长。尽管随着时间的推移，支出在不同人口群体之间的分配变化不大，但老年人在全部人口中所占比重的上升将在未来几年给整个财政系统带来压力。

一个相关问题是政府的养老金计划，无论是为政府工作人员还是为普通民众提供的，未来 30 年内都将受到压力。除了需要支付养老金的人数众多，低实际利率也使得政府难以获得足够的安全回报来支持大多数公共养老金计划。政府养老金未来债务的现值远高于较高利率下的现值。

随着人口老龄化，经济增速会逐渐放缓，所有这一切的发生都将成为可能。一旦确定了税率，无论这一税率适用于企业收入还是个人收入，政府收入的总体增长都将大致等于以现价美元计算的经济增长。通货膨胀会推动政府收入增长，例如，如果通胀率为 2%，而实际经济增长率为 1%，则政府收入每年将增长 3% 左右。如果通货膨胀没有上升，政府收入增长将因人口老龄化而放缓，而对政府服务的需求则继续增加。

与此同时，第四次工业革命蓄势待发，这将引发一拨又一拨的工人流离失所。尽管未来的福利计划最终会为每个人创造工作岗位，但底部权重不断增加的 K 型经济，将意味着持续的失业和对政府收入补助的长期依赖。收入不平等在全球许多地方已经加剧，并将继续加剧。在新冠疫情防控期间，对更公平的收入分配的要求变得非常高，而技术变革的主要浪潮即将到来，这将增加这一要求的紧迫性。

这还不是全部问题，大多数政府在新冠疫情防控期间动用了大部分闲置财政储备。2020—2021 年，全球政府债务的增长比全球收入的增长多 20% 以上。一些国家的财政储备或地方储备所剩无几。幸运的是财政最紧缩的国家也是那些人口相对年轻的国家，相对于发达经济体，它们的财政支出受经济构造力的拖累要小得多。

因此，未来几年对政府财政支持的结构性需求将大幅增长。与此同时，鉴于全球经济增长趋势放缓，以当前的税率，政府收入的增长也在放缓。政府借贷是将眼下的负担转嫁给子孙后代，这在许多人看来是不可接受的。一个可靠的财政计划迫在眉睫，该计划需要能够应对即将到来的压力，否则债券投资者将要求政府提高债券实际利率，从而使得政府在未来 10~20 年更难偿还现有债务。

无论如何，为了管理这些不断增长的结构性需求，并保持相对可靠的长期财政计划，政府需要更多的财政收入。一般来说有两种途径。

增税与经济增长

解决全球政府收入短缺问题有两种途径：直接增税或利用政策促进经济增长，从而以现行税率间接产生更多的政府税收。

显然没有人愿意缴纳更多税款，但是撇开个人好恶，其中还有很多利害关系，因为许多税收在阻碍经济增长。对企业征收更高的税款，会削弱它们的创新能力或投资于新增长的动力，并从根本上减弱创办新企业的吸引力。对个人征收更高的所得税则会打击人们的工作热情。经济增长放缓意味着政府收入增长放缓，而更高的税收实际上也会导致政府收入减少。即使现实情况远比讲起来复杂得多，但这个论断还是存在一定的合理性。

如果说提高税收在过去就很难，那么以如今的政治气候来说，这已经是几乎不可能实现的目标了。现在，任何重大的财政举措都会引发反对的声音，经由新闻媒体和社交媒体放大，政治共识可能更加难以达成。政治意见的四分五裂迫使在未来制订财政计划时需要采取一种更微妙或更平衡的方法。这为防止税收转移和最低企业税率的国际共识的达成提供了一丝曙光。然而即使这些拟议的全球税收调整计划得到了全面部署，它们也很难在增加政府税收收入方面产生深刻影响。

未来的财政计划将着重促进更快的经济增长，从而在不显著增加税收负担的情况下增加政府收入。讽刺的是，这一直是一种理想中的财政政策。政府经常部署多种税收来实现各种特定的经济效益，由于以前一直有足够的经济增长基础，这些税收所带来的损失并不那么明显。但随着"婴儿潮一代"退出劳动力市场，经济增长放缓，即使面对政治两极化，经济增长的每一个小数点似乎也都变得更有意义了。

大多数观察者都低估了税收体系整体结构在影响经济增长方面的重要性。税收体系是一个很复杂的系统，一种税收促进了一个方面的发展，另一种税收则促进了另一个方面的发展，针对每个不同的提案及其可能导致的各种意外结果都可以产生激烈的论战。然而，很少有人考虑税收系统各个部分之间的相互作用，以及是否可以用更简单的方法获得相同数量的收入来获取更多的经济增长空间。

例如，众所周知，对收入征税会抑制工作积极性，进而阻碍经济增长。如果我们没有像当代大多数国家那样征收个人所得税，那么劳动力参与率将会更高，经济增速将会更快。除了个人所得税，我们还对企业征收各种工资税，这抑制了新企业和新工作岗位的诞生。

从效率和增长的角度来看，首选的税收形式是销售税，即对消费支出征税而不是对收入征税。对支出而不是收入征税会使人们更重视工作与储蓄，这为企业在未来经济增长中的投资提供了更大空间。对支出征税还有一个好处，那就是它同样适用于退休人员，这使其成为老龄化社会更可持续的税收形式。尽管有很多有利因素，但许多人认为消费税是"累退的"，即它使税后收入分配更不平均，因为低收入者将花费他们的全部收入，而高收入者只花费了一部分收入。征收个人所得税则一般没有这样的问题，因为它是"累进的"，缴税的百分比将随着收入的增加而增加，并且可以在收入较低的一端推出消费退税来调整分配问题，从而驳回针对这种税收的反对意见。加拿大有这样的消费退税制度。消费税通常被认为在政策上很难实施，因为消费者每次购买东西时都会看到税费数额，进而意识到是谁向他们征收了这笔税款。

经济计算比政治计算简单得多。取消所得税和工资税，通过对消费者支出征税获得同等的税收，将使经济增长速度更快，总体收入更高。设想这样一个试验，假设政府要通过计算需要实行的销售税率来简化当前复杂的税收结构，以取代所有其他税收，并保持总收入不变。最简单可行的例子是完全取消所得税和各种企业税，最高收入者除外，并提高销售税以保持政府收入不变。如果这两个变化在同一天开展，且让每个人都保持愉快，那么在政治上是可行的吗？我的猜测是大多数人会耸耸肩，生活照旧，因为他们口袋里的钱不会发生变化。但是从宏观经济的角度来看，则将形成一个效率更高，具有更高的增长率和财政收入的经济体。这基本上就是新西兰在 20 世纪 80 年代中期首次实行全国销售税时出现的情况，这项税制改革带来的效益延续至今。

新冠疫情暴发之后，将税收从收入转移到支出的改革甚至可能在政策上变得更有吸引力。大多数人猜测，为了弥补新冠疫情带来的财政损失，企业和个人的税收负担会大幅度增加。那么再设想第二个试验，假设每个人都惧怕缴纳更高的税款以弥补新冠疫情防控期间产生的政府债务，而政府则宣布正在改革现行的税收政策，以便不增加税收且实现经济增长和提高政府收入，那么救济群众所能获得的政策红利是无法估量的。然而要使该倡议在政治上受欢迎，就需要将其视为一个平衡的、要么做好要么不做的一揽子计划，因为所有政策之间是相互作用的，就个别变化进行辩论和妥协会削弱计划的整体效果，并可能导致一整套政策失败。

在保持税率不变的同时促进经济增长的税制改革将为负债累累的政府提供相当大的财政灵活性。更高的经济增长将意味着政府债务与国民收入的比例下降，从而使市场和普通民众放心，他们的政府正在重整旗鼓，以应对下一次危机。如果形势利好，为了加速债务收入比的下降，可以用政府新增税收收入的部分或全部尽快清偿债务。

然而值得一提的是，政府在应对新冠疫情时产生的债务是否需要偿还，毕竟政府很少还清债务，而是通过控制支出、平衡预算，然后随着时间流逝、经济增长和通货膨胀来实现债务负担减轻。几个世纪以来，政府借款一直完全基于其偿还债务的能力，而不是其还清债务的能力。从社会的角度来看政府债务更像是企业股权。政府的借贷能力取决于它的整个特许经营权，这来自它的征税能力和无限期偿还债务的能力。尊重债务并提供未来清晰明确的还债规划通常足以建立借款人的信任。这是一个非常古老的认知，起源于17世纪末的英国。

可持续的财政计划是指政府债务相对于国民收入保持稳定或下降。如果它呈上升趋势（也许是因为经济严重下滑），那么就需要一项后续的可持续的修复政策。在政治分裂和经济持续低迷的状态中，财政收入的可持续性将更加依赖经济增长，任何机会都不容忽视。

在后疫情时代的经济中，最重要的新经济增长源将是技术进步，也就是我们的第二种经济构造力。从过去由通用技术（蒸汽机、电力和计算机芯片）引领的工业革命来看，全球经济的数字化、人工智能的普及以及生物技术的进步可显著提高全球人均收入水平。这与永久性提高经济增长趋势不同，如果国民收入水平在十年内增加10%，那么每年将推动约1%的经济增长。一旦该技术得到广泛实施，增长趋势将放缓。如前所述，这大致是1995—2005年发生的事情，可以说计算机芯片带来的增长收益仍在继续。这似乎是第四次工业革命对未来十年经济增长贡献的最低预期了。政府无须提高税收，顺其自然就能获得收入增长。

由于技术进步通常也意味着收入分配越来越不平等，这种情况因新冠疫情而越发严重，政府很可能需要在解决债务积压问题的同时解决收入分配问题，否则将失去那些感觉自己被抛弃了的群众的支持。

收入的最优分配是一个难以捉摸的概念，尤其当它深受观念影响时。人们普遍认为富人的收入越多，经济增长速度就越慢。与低收入家庭相比，富人赚得越多，花费占比就相对越少，低收入家庭则很可能需要花光所有收入来维持生计。更进一步分析发现，经济增长来自创新、企业家精神和冒险精神，所有这些都由技术进步带来的经济回报推动，这表明经济增长实际上是由富人的收入支撑的。对创业行为过度征税带来的打击是毁灭性的，并且这将鼓励企业将创意、资本和创业热情转移到较低税收的环境中。富有的个体和跨国企业经常利用跨国税收制度的差异来减少总体税收负担。决策者多年来一直致力于达成国际协议，以创造公平的税收竞争环境，但这也仅仅证明了创新、经济增长和税收之间潜在的紧张关系是真实存在的。主张改变国内税收制度以改变税后收入分配的人必须承认矛盾的两面性，即更平等的收入分配可能会促进经济增长，也可能会抑制经济增长。

人们无须在这场争论中选边站队，就能理解对收入分配的不满正在助长政治两极化。正如第四章所述，这种不满有其根源，但很少有人知道或了解自己国家的基尼系数。仅仅一想到富人越来越富有而自己越来越贫穷就足以引发不满，甚至愤怒。一些税收制度似乎旨在混淆而不是澄清这个问题，例如，在加拿大，低收入个人的所得税会从他们的工资中扣除，但随后他们会收到定期的家庭福利，如销售税退税和碳税退税。还有大量的社会支持计划，都在将资金转移给低收入家庭。这形成了一个高度渐进的净所得税体系，那些低收入者仍然需要支付所得税，当他们听说富人几乎不缴纳或缴纳很少的所得税时，他们更会对此印象深刻。

这种对收入分配不满的暗流使得政府越来越难以形成决策共识。不妨搁置关于什么是最佳收入分配的无休止的辩论，只朝着促进收入平等的方向调整分配参数，就足以创造出在其他政策上取得进展所需的支持，这也许是明智之举。这让我想起了美国，作为发达经济体中收入分配最不平等的国家，其政治也是最难以驾驭的。要进行收入再分配不需要税收制度的根本性转变，即不需要实行财富税，但可以实行更及时、更严格的所得税，同时限制那些处于收入水平顶端群体的"收入"。

假设这在政治上是可行的，那么下一个问题就是在获得税收收入后如何重新分配资金。政府通常有多种渠道和一个接一个的项目，而这些都由急功近利且资源不足的官僚管理运行。讽刺的是，最大胆的再分配框架不过是最古老的想法，即全民基本收入。

这个想法几十年来备受争议，甚至在小型司法管辖区试验过。其核心问题是，如果你让某人轻松拥有一份满足基本生活需要的收入，这就会使他工作的积极性降低。说真的，即使平等分配所有东西，一切本也从未平等过。那些反对实行全民基本收入的人认为，政府组建一个拼凑的支持系统来保护弱势群体，管理成本往往高于其提供的资金数量。用简单的项目取代官僚主义的复杂项目可以释放更多财政资源用于投资经济增长。全民基本收入的想法本身很简单：每个人在税务机构都有一个账户，每个月都有最低基本收入存入个人银行账户。那些收入高于最低收入的人将缴纳仔细校准过的足以覆盖全民基本收入的累进税，这样也确保了向高收入人群收取足够的税款以支持该系统。在新冠疫情防控期间，许多国家的政府发现只需在键盘上敲几下就可以建立这样的体系，行政成本几乎可以忽略不计，这与所有其他昂贵的、不得不经受烦琐程序和行政拖延的社会安全网计划形成了鲜明对比。这种简化可以大量节省政府支出，而这些节省的资金可以用于促进经济长久持续增长。

反对全民基本收入的论点常常与人们消极怠工有关。如果那些勉强维持生计的人可以从政府那里获得免费收入，那么他们很可能会退出劳动力市场。这个问题很明显，管理方法也不难，只需要确保一个以全民基本收入为基础的创收激励体系的存在。如果一些人退出劳动力市场，那么他们将不会享受到全民基本收入以外的利民政策。目前，这些人只是通过效率低下的帮扶计划获得各种不成体系的支持，而政府提供这些帮扶计划也需要大笔费用。

经济增长最重要的因素是人，因此需要综合考虑众多影响劳动力参与的政府政策，而不仅仅是全民基本收入这一项政策。如允许移民是政府为促进经济增长所能做的重要的事情之一，因为这样可以将政府债务分散给更多人并获得更多的财政收入。但更重要的一点是，众所周知，移民的创业率较高，对经济增长的贡献比本土劳动力更大。围绕移民问题出现的紧张局势更多是在政治方面，因技术变革而失业的国内打工族可能会觉得是移民抢走了他们本希望得到的工作，从而加剧了收入不平等现象和不满情绪。

促进国内劳动力就业应该是所有政府的首要任务。未开发劳动力的最主要来源是女性，许多人将这一点与儿童保育服务的匮乏联系起来，儿童保育服务可能是世界上最显著的社会基础设施缺口。加拿大就是这种情况，在过去20年中加拿大儿童保育和家政服务的价格指数上涨了约80%，而整体消费者价格指数只上涨了40%左右，不难看出这是妇女劳动参与率低于预期水平的缘故。

要想了解投资日托基础设施的潜力，可以看看20多年前在魁北克建立的系统，这一系统使女性劳动参与率显著提升。在过去十年中，该省经济和财政绩效改善在很大程度上归功于这一点。20年前，魁北克壮年女性的劳动参与率约为74%，远低于男性的参与率。政府在了解了阻碍女性就业的障碍后，通过降低育儿成本和延长育儿假等规定扫除了这些障碍，于是女性劳动参与率上升至相当高的80%。

如果类似的政策在加拿大大范围实施，全国女性劳动参与率可以提高到接近男性的水平，经济总收入可以显著提高2%，甚至可能更高。判断政府对儿童保育的额外投资在经济上是否明智，则需要考虑其中的潜在收益和与之相关的新的税收政策。如果计算得当，这样的项目基本上可以收回成本，因为更高的潜在收益会产生额外收入。然而政府在社会基础设施上的支出通常被视为财政支出，而不是投资。加拿大有越来越多的老年人希望寿命更长并参与劳动，同时需要有越来越多的劳动力去照顾儿童和老人，这种需求组合可以成为我们的优势。

从这个意义来说，结构性的政府政策通常都是自筹资金的，因为从宏观经济角度来看，这些政策将带来更高的经济增长、更大的税基以及政府收入的增加。然而很少有人以这种方式提出异议。这种结构性变化通常被描述为"政治上不可能";加拿大的例子还包括改革乳制品、鸡蛋或鸡肉的供应管理系统,以及放开国际或省际贸易。"政治上的不可能"主要是由于那些认为自己会因变革而遭受损失的人的声音被新闻媒体和社交媒体放大,并对政府造成严重影响。但是,如果政府相信这些政策将促进经济增长,那么这一变化将创造财政红利,同时对大多数加拿大人来说都是积极有益的。一个简单的计算就可以估量这些财政收益并将其中的一些(甚至全部)预先分配给最有可能受到负面影响的人,从而补偿那些将在政治层面上输掉但最终还是会胜利的人。

为促进经济增长,决策者最愿意增加对基础设施的公共投资,因为很难反驳这一提议。难的是确定这些投资的优先次序以最大限度地促进经济增长。确定优先次序的一个方式是跟随移民的流向,移民去哪里、在哪里工作,就在哪里投资更多的基础设施,同时利用该城市新的商业机会。政府不要试图说服移民迁往就业机会较少、没有侨民或商业理念风险较大的城市,而应将基础设施投资集中在出现压力的地区。同时一定要大力投资数字基础设施,让不依赖人口聚集的企业可以自由地去往它们想去的地方。然而当人口聚集对企业很重要时,政府也应该予以鼓励而非抵制。

很多基础设施投资是用来促进经济增长的,因此具有自我融资潜力,但政府很少宣传这种潜力。减少交通堵塞的基础设施可以提高工人的生产率;拥有出色的道路、港口、机场、管道、可靠的电力和电信设施的企业比那些没有这些条件的企业的生产率更高。政府很少将这些经济收益与基础设施项目提案一起呈现。因此,许多评论家简单地批评政府的支出过多。

举个例子,正是因为加拿大太平洋铁路的建造,才有了我们今天所说的加拿大。在19世纪80年代初期，建造该铁路的成本约为1.4亿加元，相当于1885年加拿大国民收入的约25%，这是一笔巨大的投资。当时的1.4亿加元相当于2019年的约40亿美元，如今加拿大国民收入的25%相当于超过5 000亿美元。这项投资的好处在于，这条铁路是1866年美加贸易关系破裂后，殖民地之间建立加拿大协议的基础。如果没有该邦联协议，自然的南北商业联系可能会使今天的加拿大逐渐并入美国。在评估一个横跨加拿大的基础设施项目的成本和收益时，需要考虑如果从未组建一个国家的不可估量的损失。

决策者还可以通过基础研究和创新的商业化来促进生产率增长。研究与开发具有规模经济效益，即组织和支持部门的大量创新能带来更大的技术进步。即使在大萧条期间，一些重要的创新也对我们的经济产生了长期影响；杜邦和通用电气等公司证明，保持研发投资对长期业务绩效影响至关重要。与其纠结经济中的赢家和输家，不如消除或减少创新和经济增长中的障碍来做出更好的贡献。这包括简化和明确土地使用许可和环境要求，减少繁文缛节，让初创企业更容易获得早期融资，并最大限度地减少其他法律限制。而且正如第四章所讨论的，不能将过去从国际贸易中获得的收益视为理所当然。由于经济增长的每一个小数点都比过去重要得多，任何促进增长的政策都不能放过，实施新的贸易限制就意味着逆流而上。归根结底，政府在未来几年会一直面临巨大的结构性挑战，它们在新冠疫情后期的财务状况很不稳定。尽管可以简单地偿还高额债务并静待债务与国民收入的比例缓慢下降，但许多政府会希望做得更好以重整财政能力。我相信这些需求将是巨大的，并且需要做出一切努力来促进经济增长，无论是否在政治上具有挑战性。

应对不断上升的风险

前面讨论的内容主要关于政府将面临的结构性需求，以及政府可能的应对措施。我现在将讨论另外一个同样具有挑战性的问题：政府将需要提供不定期支持以应对构造力引发的不断上升的风险浪潮。在发生重大经济动荡时（如新冠疫情防控期间所见），政府和中央银行需要为个人和企业缓解冲击。这也是一种需要运用资源的保障形式。

在经济受到干扰时，政府通过稳定政策来熨平经济波动的历史相对较短。这部分经济学内容首先由凯恩斯在大萧条时期提出，并在第二次世界大战后付诸实践。因此整个稳定政策的历史与战后婴儿潮重叠。这意味着政府和中央银行总是可以依靠不断增长的劳动力带来的新的经济增长，从经济衰退中恢复。

从这个基本意义来讲，对决策者来说，下一个不确定时代的到来是值得忧虑的，因为经济将出现更多更大的波动，同时还有如上节所述的不断加重的财政负担。

决策者了解到，是过去的危机重塑了经济学本身，如20世纪70年代失业率和通胀率同时上升导致的经济危机。全球金融危机吸取的经验教训在新冠疫情防控期间得到了很好的应用。在新冠疫情危机中取得的经验教训无疑也适用于后疫情时代。

新冠疫情带来的一个重要教训是，财政政策在自动启动时更有效，而不是像以往那样长时间滞后启动。美国国会两院就如何在新冠疫情防控期间部署财政措施进行了激烈辩论，这让美联储在危机出现的最初几个月承担了大部分维稳负担。加拿大在这方面表现得相对较好，但在实施支持计划方面仍存在明显滞后。新冠疫情防控期间加拿大主要的财政计划是根据经济基本情况的变动及时做出调整应对，这是财政有效性的重要进步。从这个意义上说，就业保险一直旨在成为一种自动稳定器，尽管它的效果比新冠疫情防控期间实施的其他计划滞后。相比之下，随着第二波疫情冲击，美国针对推出的第二波政府支持政策又出现了一轮新的政治辩论。将来，在财政框架中保持更高程度的自动化将渐渐减轻货币政策的负担。

从新冠疫情中得到的另一个教训是，即使紧急情况下可能暂时搁置围绕债务和赤字目标的标准财政问责框架，但这样的财政问责框架仍是不可或缺的。政府需要对财政的未来保持洞察力，以帮助市场形成预期。毕竟政府在呼吁投资者以前所未有的规模大量投资。至少政府必须制订可靠的财政计划，来显示政府偿还债务的可能途径以及融资方式，无论情况看起来多么糟糕。对好坏情况进行预设总是一种不错的做法。在此框架下，财政可持续性的最低要求是承诺稳定债务与国民收入的比例，或随着经济增长的回升逐步将其从峰值降低。这一承诺将转化为政府支出和财政赤字的近期目标。

在货币政策方面，全球金融危机的教训对迅速化解新冠疫情暴发后的经济危机起到了关键作用。中央银行迅速而有效地部署了所有的市场干预工具，相较于2008年，这一次的反应更加连续。此外，许多国家实施了负利率。在2007—2008年全球金融危机之前，人们普遍认为利率下限为零，甚至要略高于零。然而许多国家的央行已将短期利率降至零以下，政府债券利率也随之下降，打破了此前的观点。为了借款而支付利息的概念在我们心中根深蒂固，以至于许多人很难相信负利率的存在。负利率不是自然而然产生的，因为自然利率是衡量不耐烦的指标，人性总是不耐烦的。但在特殊情况下，将利率降至零以下可以为经济提供更多刺激。由于银行长期借贷，金融体系的运作和信贷供应需要的是银行借贷利率之间的利差。只要存在合理的利差，银行就会继续运行。将央行利率降至零以下会进一步拉低贷款利率，并鼓励家庭和企业借贷和消费，从而走出经济衰退。

如今，人们了解到，利率的有效下限与管理现金余额的成本有关，即现金的安全储存和损失保险。能在银行赚取负利息的人可以把他们的资金转化成现金并赚取零利息，但需要储存现金。考虑到这些存储成本，大多数研究才选择将名义利率的有效下限定在 –0.5%，或者可能更低一点。

不管利率的确切下限如何，重要的是当利率非常低时，如果经济出现问题，央行的回旋余地要小得多。设想这样的情况：经济受到冲击，失业率上升，通胀率似乎可能下降到中央银行的目标以下。当局会压低利率以鼓励更多的借贷和更快的经济增长来抵消这种冲击。如果利率起点是 4%，中央银行可以降息至少 400 个基点，并给经济带来有效的提振。但如果利率起点是 2%，将利率降至零只能起到一半的作用。将利率降至零以下则能够提供另外 50 个基点的可操作性。

普遍来说，对经济的干扰是以零为对称点的，换句话说，优势和劣势在历经长时间的变化之后都会趋近于零。利率越低，央行就越难在灾难发生时通过降息来提供充足的缓冲空间。然而央行完全有加息的自由，所以在形势利好时可以尽可能提高利息。利率下限在货币政策中引入了不对称性，这意味着当平均利率水平较低时，央行可能无法实现其通货膨胀目标。中央银行还有其他备用手段可以应对利率调整，如量化宽松政策等，但这些手段对经济只有二阶效应。经济研究表明，未来将更多地使用财政工具来稳定经济，届时平均利率可能会保持在较低水平。凯恩斯在 20 世纪 30 年代也提供了基本相同的分析。

与此同时，家庭债务上升的经济构造力将继续对货币政策构成挑战。经济中私人部门的债务过高会更容易受到经济衰退的影响：没有债务的企业可以安然度过经济波动，而负债累累的企业可能因无法偿还债务而被迫倒闭。高额债务放大了经济动荡的后果，这使中央银行更难以保持经济正常运转，同时由于许多主体都在追求效益，长期的低利率会使经济主体不惜过度冒险。这既适用于家庭，也适用于企业。虽然一些谨慎的企业可能因为低收益率而放弃投资机会，但也有很多企业认为有必要离开舒适区以实现它们认为合理的资本回报。这种冒险让经济在利率上升或厄运来临时更脆弱。即使是适度的加息也可能导致大量企业倒闭和个人失业，这可能会让央行放弃其通货膨胀目标。

鉴于与债务相关的风险，一些评论员建议中央银行保持较高的平均利率，促使家庭和企业减少借贷。然而，央行实际上只能追求其通货膨胀目标，同时让经济波动渐渐趋于平稳。努力限制债务增长并不是达到通胀目标的良方，这就是为什么政府和中央银行开发了一套宏观审慎政策工具，如抵押贷款压力测试或最大贷款收入比指引，以降低金融体系的脆弱性并帮助中央银行达到其通货膨胀目标。在极限情况下，中央银行面临着全面且综合的权衡取舍，需要控制宏观经济（产出通货膨胀）风险和债务脆弱性导致的金融风险，这两种风险通过私人部门的行为交织在一起，这仍然是经济模型试图达到的目的。同时，只要有额外的政策手段来专门解决这些问题，将金融稳定风险控制在中央银行的目标范围内，就可以实现合理的目标近似值。

考虑到作用于经济的构造力，未来中央银行平滑商业周期的能力将不如过去。由于构造力的相互作用，决策者需要应对的波动性加大，回旋余地将会缩小。鉴于这种充满挑战的环境，单单靠中央银行去实现与过去相同程度的宏观经济稳定大概率是不可能的，因此需要异常灵活的财政政策。解决这个问题的一个方法是自动化财政政策，这样就可以在不重新立法的情况下应对经济变化，而制订全民基本收入计划就可以做到这一点。然而，过多的自动化财政政策可能会与政治的本质相悖，在政治中，最好是通过信贷来解决问题，而不是在问题自动化解的同时依然捍卫由此产生的财政赤字。鉴于财政负担的基准不断上升，经济急剧波动（包括上升和下降）可能使政府面临更大的赤字压力。

如前文所述，即使人类社会在2050年之前成功实现净零排放，气候变化仍将持续很长时间，天气变幻莫测，这对个人、企业、银行和保险公司都会产生重要影响。

人们普遍认为，未来严重洪水事件的发生频率将继续上升，这将给个人带来潜在的灾难性损失。尽管可以向业主提供洪灾保险，并且该保险可能成为一个常规险种，但保险业将只能承担与中度洪灾相关的损失。政府也是洪灾的受害者，但政府需要在灾难发生时有足够的财政能力支持私营保险业，同时还需要加强防洪方面的基础设施建设。

一个更深远的气候变化风险是世界某些地区可能严重缺水。鉴于地球上水资源的分布不均，人均拥有最多可再生淡水的国家在未来可能会拥有难以估量的地缘政治力量。这个指标中大多数排名靠前的国家是小国，人口也很少，但就绝对值而言，加拿大的淡水量是所有国家中最多的，五大湖甚至圣劳伦斯盆地的很多淡水资源都与美国共享。

值得深思的是，拥有大量淡水资源的国家在全球水资源竞争甚至是战争中应该扮演什么样的角色。许多观点将水资源视为自然赐予的财富，对它进行高度保护，而另一些则将其视为一种共享的公共资源。抛开一直有争议的水存量问题不谈，关于水流动的问题还有一定的讨论空间。仅圣劳伦斯盆地就包含了五大湖，其中大部分地域横跨加拿大和美国，水量约占全球淡水储量的25%。大量的水被从五大湖中取出，但同时每天有近1万亿升的淡水从圣劳伦斯河注入满是咸水的大西洋。流向海洋的水被浪费了，因为淡水只要一进入海洋就变得不可饮用，其他人对它的使用也就不再会引发争议。而仅这一流量就可以维持多达100亿人（这是预计的2050年的世界人口数）过上达到世界卫生组织规定的每日最低用水量的生活。

随着五大湖周边的人口增长，未来30年圣劳伦斯河的外流量可能会下降。气候变化也可能影响流量，尽管尚不清楚是会增加还是会减少。无论如何，我们都可以在水流到大西洋之前将其收集起来，以作他用。它可以被巨型油轮运送到干旱地区，就像我们今天运输石油一样；或者可以将其输送到管道中灌溉那些可能会因加拿大和美国中西部的气候变化而干涸的农田。实际上，这和将水从苏必利尔湖通过管道输送到西部和西南部的农场和社区没有什么区别。只要仍然有足量的水流出圣劳伦斯河，我们就可以确信淡水存量尚且完好。

虽然工程师可能会解决淡水不足的问题，但政治方面依然可能发生剧变。水资源短缺几乎肯定会出现，并可能成为地缘政治动荡的催化剂。为了减轻这种风险，应该进行一些预先规划。在不久的将来，一种可能缓解风险的措施是规定流到海洋的淡水可以共享。另一项措施是政府大力投资海水淡化工程，这与投资可再生能源相关。毫无疑问，海水淡化的成本会随着时间而不断下降。还有一项措施是大力发展雨水收集技术，因为世界上大部分的雨水流入了海洋，也可以说是被浪费了。然而正如我们在其他领域所做的那样，有减轻未来风险的方法并不意味着它们会被落实。不确定性仍将存在，所有迹象都表明不确定性会上升。

我认为，经济构造力带来的压力即将见证现有财政和货币稳定政策的无能为力。因此即使决策者已尽最大努力维持经济和金融稳定，下一个商业周期还是会出现更多波动。即使政府稳定政策可以更加自动化，我们仍将经历比过去更高的通货膨胀、失业率、利率和股票市场以及汇率的波动，家庭和企业都更难为未来做计划，它们在做日常决策时将承担比过去更多的风险。

五种构造力的交互作用似乎注定会呈现出决策史上最令人生畏的高风险环境。驾驭不断上升的风险将需要明确的目标和巨大的政治勇气。无论是财政政策还是货币政策都不会被简化为机械过程。经济增长的每一个小数点都至关重要，需要认真关注历史上积累的结构性障碍。

现实的限制束缚了财政政策和货币政策，政治上的挑战与剧变表明当权者将无法尽数应对经济构造力带来的更高风险。当然，蒙混过关也不是不可以。但我认为，来自国内外投资者和员工的压力越来越大，这将鼓励企业在政府应接不暇时承担帮扶个体应对风险的责任。渐渐适应不断增加的风险是下一章的主题。

第十三章

给未来的一剂药方

追忆：基于价值观的领导力

2011 年，在我上任加拿大出口发展公司总裁兼首席执行官之后不久，一位职员拜访了我，他正在为员工杂志写一篇关于我的文章。他问我，在我的职业生涯中，有哪些领导人是我崇拜并试图效仿的。多年来，我很幸运能与一些非凡的人共事，如果一一具名，有可能因疏忽而冒犯。但在领导力方面，我不得不承认自己最喜欢的是来自虚构电视连续剧《星际迷航：下一代》的让–卢克·皮卡德上尉和《白宫风云》的巴特勒总统。

这个回答足以让大家确信，他们的新老板十分幽默，这是我从未试图隐藏的一个特征。事实上，我的回答是很认真的。皮卡德和巴特勒这两个角色都写得非常好，他们都具有卓越的领导才能。他们是真正的知识分子，巴特勒甚至获得过诺贝尔经济学奖，他们也常常因是领域内最聪明的人而受到挑战。两人偶尔也会短暂地落入自负陷阱，但总是能应对日常生活里巨大的风险。皮卡德和巴特勒都时刻彰显着自己的价值观，关心大义，爱护人民。作为回报，他们的人民不惜为之奉献生命。这些领导人与人们建立起亲密的联系，挖掘共同的使命，从而激发出人们最好的一面。

《白宫风云》中发生的情况很少有明确的定义，至少未曾以科学的方式定义过，所以巴特勒倾向于凭本能行事，展现自己的激情。每当巴特勒心中涌现挫折感，开始大发雷霆时，他的下属都会先让他发泄情绪，然后再有理有据地反驳，把他拉回到现实中来。第一季中有一个很好的例子，一架载着总统私人医生的美国军用飞机在中东地区被击落。巴特勒非常愤怒，发誓要将肇事者赶尽杀绝。他的团队建议采取"对等"的策略，而他坚持要求采用更严厉的策略。这件事表明，领导者向其团队学习并将更高的价值置于自己的价值之上是多么重要。即使像巴特勒这样有成就的人，在学习的过程也应当表现得谦逊，这才是团队欣赏的领导者。这个过程能够让团队成员在未来更加投入和忠诚。

比起巴特勒总统，皮卡德上尉则塑造了一个更加冷静的角色，他习惯控制自己的情绪。他是一位有条不紊的协商型领导者。即使距离进取号或附近的恒星爆炸只有 30 秒（这种情况似乎频频出现），皮卡德也会向他的同事征求建议，与整个团队分享此刻的压力。根据经验，他知道他们都有相同的价值观，并会为了团队而努力。团队多样性的好处和领导者利用这种多样性的能力在这部电视剧中反复得到体现。皮卡德在听到可能可行的建议时总是毫不犹豫地说："实现它！"

在我看来，风险加剧的世界需要更多像巴特勒和皮卡德这样的商业领袖。我们需要更加关注人和价值，而不是数字。经济构造力意味着企业将面临越来越复杂的波动和风险，并直接影响到它们的员工，因此企业不得不做出艰难的、有价值的、权衡利弊的选择。我总是公开讨论自己的价值观并让我的领导了解它，而且通常他们会发现自己也有同样的价值观。我尝试践行的价值观是：（1）家庭第一；（2）为了一个重要的、让我们感到自豪的目标而努力工作并追求卓越；（3）团队合作；（4）谦逊；（5）永远往高处走，因为高处风景更好。在领导团队时，我经常建议团队成员观看《白宫风云》，了解基于价值观的领导力，并阅读韦斯·罗伯茨和比尔·罗斯根据让–卢克·皮卡德的领导行为所写的 *Make It So*（《使之成为现实》）一书。另一本同样由韦斯·罗伯茨撰写的领导力书籍是 *Leadership Secrets of Attila the Hun*（《匈奴王阿提拉的领导秘诀》）。当然，最重要的是多多沟通。

企业领导者每天都在处理令人难以置信的复杂事务。正如长途车司机的思绪集中在目的地上，并观察路标以监测自己的进展，但他们同时需要把很多的精力花在眼前的路上——监控车速、注意后视镜、避开突然出现的障碍等。领导者清楚本书所描述的五种经济构造力，所有这些力量都在近年来的某个时间出现在头条新闻里。本章的目的是帮助企业及其股东了解这些构造力交会的深层含义，以及他们该如何适应这些力量。

商业规划情景

人口老龄化是五种经济构造力中最明显的一种，也是最容易被忽视的一种。大多数企业领导者知道他们员工的平均年龄，特别是领导层的年龄，因为职位继任是所有企业的关键事项。然而，人口统计数据变化缓慢，无法成为企业制订商业计划的关键因素，除非他们考虑的是极长周期的投资。可惜的是，高管和董事会成员在企业规划讨论中产生的许多根深蒂固的假设都源自人口统计学。实际上，我们在生活中所经历的人口统计学进程非常缓慢，以至于我们几乎把其当成了一种常态，而事实并非如此。

在第二章中，我解释了就算新冠疫情导致的通货紧缩和经济重建已经成为历史，全球经济增长趋势依旧比我们之前经历的要缓慢。如果在2021—2022年假设未来经济增长缓慢，并据此制订商业计划，这在当时会引起很大争议。人们倾向于推断新冠疫情之后经济会出现强劲增长，但这是个危险的假设。要更稳妥地制订商业计划，应当假设经济增长趋于放缓，这样企业才会考虑如果经济表现好于预期，应如何实时调整他们的商业计划。至于通货膨胀，企业假设通胀率恢复到2%左右，这是自然且恰当的。然而，考虑到经济构造力的影响，如果通胀率上升到更高的范围，企业最好也考虑调整商业计划。

经济构造力最重要的影响是，未来将出现更高的经济和金融波动。尽管人们从不欢迎不确定性，但波动的两面性至关重要。在任何一年，世界都可能比企业预期的更好或更坏。考虑到这种额外的不确定性，要做的不仅是保守假设经济增长、通货膨胀或利率，并将其纳入商业计划考量，还要从一开始就将更多的风险分析纳入商业计划。

企业管理未来风险的最佳工具之一是情景分析。企业先建立一个基础预测，然后围绕这一预测制定备选方案。基础预测里会使用熟悉的假设，如恢复到平均经济增长率，通胀率恢复到2%，短期利率恢复到略高于2%，长期利率可能比之高一个百分点。企业据此围绕经济增长趋势放缓、经济衰退、技术变革带来的强劲增长、较低的利率、较高的通胀率等因素制定备选方案。

为企业制订多种可能的方案，将在销售、价格、必要的生产能力、企业就业等方面产生一系列可能的结果。将这些不同的方案绘制在图表上，就会形成一个由各种可能性组成的云团，以基本情况为中心向外延伸。重要的是，每个预测都是不确定的，但这种不确定性会随着预测的深入而加大，我们看得越长远，云团就越大。

为了解释这种不断扩大的可能结果，经济学家可以根据他们的模型计算出预测浮动区间。例如，经济学家可能会预测未来 12 个月的经济增长将是 2%，上下浮动 0.6%，从而得出未来一年经济增长的可能范围是 1.4% ~ 2.6%。如果企业正在考虑增加产能，需要两年的时间来完成，这时企业则想知道未来 2 ~ 3 年的经济增长情况。使用相同的统计模型，经济学家可能会预测未来三年的平均经济增长率为 2%。若考虑更长的期限，则难以获得确定数字，但可以提供一个区间，如 ±1%。这意味着在三年的规划期内，每年的经济增长率将是 1% ~ 3%。这一预测将转化为三年后企业的销售目标，如比现在的销售量高出 3% ~ 9%。把这些不断扩大的"差异区间"加入企业对销售和价格增长的假设中，就会使规划方案云团中产生更多的路线。

在商业计划中融入不确定性是一项艰巨的工作，而这仅仅是一个开始。未来可能性的云团需要不断地更新，才能成为有效的管理工具，因为经济一直在变化。不断发布新的经济解读，就会对方案的起始点产生影响。企业可能会发现，只过了几个月时间就发生了一些事件，导致其中一个核心假设偏离轨道。这可能导致部分方案失效，但同时也增加了其他方案的可能性。这时企业应该制订一套新的方案，并对商业计划进行实时调整。这种更新可能是推迟或加快一项投资计划、裁员或加快招聘计划。认真对待计划和风险的企业需要有专门的工作人员来持续更新这些方案，并始终考虑这些方案可能出现的问题。

董事会在年度战略会议上要求管理层提供备选方案已成为标准做法。企业会自然地创建一个基准情景，包括一个"幸运"情景和一个"不幸"情景。然后讨论如果出现好的或坏的局面，企业要怎么做。

这是合理的做法。然而，这强化了一个标准的概念，即接近基准预测的结果是最有可能的，而其他的可能性则呈钟形曲线散落在它周围。特别是当幸运和不幸的情景看起来很极端时，董事会将很信赖基准情况。但是，经济构造力相互作用的一个核心含义是，未来经济发展的曲线可能比我们过去经历的更平坦，远不能形成钟形曲线。经济构造力在持续动态演变的过程中，任何一种情况都有可能发生。因此，对任何企业来说，信赖基准情景成为一种风险越来越大的战略。

新投资的门槛利率

人口老龄化的发展轨迹也意味着未来会继续保持较低的无风险实际利率，甚至利率可能继续下降。令人惊讶的是，在做出投资决策时，很少有企业接受长期实际回报率的现实情况。截至目前，我仍然经常听到企业或其董事会在批准一项新的投资之前，一如往常地要求同样的最低风险调整回报率。新投资提案的最低风险调整回报率通常被称为"门槛利率"，它代表了批准一个提案必须跨越的门槛。

风险调整后，具有高回报率的投资机会肯定会被企业抢走，这是一个既定事实。经济学家认为，市场竞争的力量会迫使企业抓住所有机会，否则其他企业就会抢走这些机会。如果一家企业有资金可用于新的投资，那么这些新投资项目必须优于其他资金使用方案，如偿还债务或回购企业股票。如果企业从债券市场或银行借到的钱的利息是5%，那么任何新的投资机会（在调整了与该新投资相关的风险之后）都需要提供至少5%的回报，只有如此，这一项目才能超过门槛利率。调整投资风险是一项复杂的任务，需要围绕商业计划进行上述分析。企业需要制订一个新的计划，将新的投资纳入其中，并充分了解从项目开始到项目完成期间的潜在负面风险。分析表明，新的投资应该带来10%的回报，波动范围在±4%之间，那么在最坏情况下需要提供至少6%的回报率才能超过门槛利率。

重要的是，门槛利率不是即时的利率，而是企业预期在项目完成时以及之后的平均利率，是一个非常长期的概念。经理们经常使用过去几年平均的无风险利率作为门槛利率的代表。另一些人则以企业长期以来的内部标准认定门槛利率。

在利率如此之低的今天，可以理解一家企业认为3~5年后会有更高利率的想法。这家企业可能无法找到任何符合其标准的投资机会。事实上，在一个实际利率呈下降趋势的阶段，一家门槛利率过高的企业可能会反复对投资犹豫不决，因为它假设回报率会恢复到历史水平。这可能会导致这家企业地位下降，因为其他清楚实际利率可能在未来30年平均保持低位的企业会抢占这些投资机会，并赢过迟疑不决的企业。可以肯定，这是近年来许多经济体投资率低的原因。更新我们对这些基本事实的理解，对恢复商业投资和长期经济增长至关重要。

风险管理：新的无形投资

随着五种经济构造力的形成和相互作用，企业所面临的风险将继续增加。低实际利率和债务的积累正在缩减中央银行的回旋余地，这将给过去30年我们享受的经济增长和就业境况带来更大变数。技术进步将对企业产生巨大的破坏性，迫使个人频繁转行，加剧收入不平等，并导致高度不可预测的政治行为。政府的环保倾向要求企业不断改变商业参数，企业则需要为实现低碳经济而重新定位自己。日益加剧的不平等可能会给企业价值链去全球化持续施加压力，或者让国际贸易规则突然发生转变。能够导致突然的经济和金融波动的经济构造力组合有无穷多。正如前一章所论述的，中央银行和政府不太可能为企业和员工承担所有这些额外的风险，尤其是在政治两极分化的情况下。

我相信，经济波动和风险增加的大部分负担将由企业来承担。成功的企业需要加强风险管理，使员工正常工作，并为股东提供可观的回报。简言之，有效的风险管理会成为企业创造价值的关键渠道。

想象一下，两家相互竞争的企业，都预期未来需求将会增加，同时考虑扩张业务。两家企业都认为商业环境的风险比过去高，因为最近出现了不寻常的波动。它们对于服务需求增加的预判比它们以往习惯的预判更加不确定。它们都有资本现代化的计划，但技术每天都在变化。政治已经变得非常不可预测。

在这种情况下，企业及其董事会希望在现有的投资建议中考虑到更高的风险，所以会要求商业计划制订得比过去更严格、更有力。第一家企业认为，在项目的有效期内，实际利率将回升到过去十年的平均水平。第二家企业明白，人口老龄化的影响会使实际利率保持在较低水平，而且在项目的有效期内，利率甚至可能会逐渐降低。结果是第一家企业不批准这个项目，而第二家企业则继续进行。最终，对第二家企业的雇员和股东来说，各方面指标都表现得不错。

再考虑一下同样的两家企业，假设它们都了解项目周期内实际利率的可能变化。第一家企业有一个标准的风险管理框架，包括一名首席风险官，每年对员工进行调查，并向董事会提供年度报告，说明管理层对风险的理解。董事会成员对首席风险官可能遗漏的风险提出自己的看法，所有人都很满意并认为目前企业的计划能够抵御已经确定的风险。

第二家企业在风险管理方面进行了更多投资。它也有一个首席风险官，但这家企业还有一个由风险专家组成的完整部门，他们通过组织工作来发展风险文化，让风险管理具有弹性和灵活性。他们已经发展了快速并且能够持续更新情景规划的能力，已经优化了企业的流动性政策，一线员工有桌面工具来帮助他们做出带有风险意识的决定。每个员工都像股东一样承担起管理风险的责任，因为他们是应对企业所有形式风险的第一道防线。他们会在定期的团队会议上及时分享不寻常的风险事件，这些会议总是把"风险观察"作为议程的最后一部分，这些经验会被作为第二道防线的风险部门吸收。第二道防线在整个组织内分享见解，并在必要时调整风险策略，以涵盖新出现的风险。董事会可以与首席风险官和内部审计师（第三道防线）深入讨论新出现的风险。内部审计师可以依靠这种强大的风险文化，把大部分时间花在预测企业风险环境的未来变化上，并实时提醒管理层和董事会注意这些趋势。

有了这种积累下来的风险专业知识，第二家企业更善于风险管理，特别是风险投资。第一家企业可能在看到一个投资机会时，认为它可以产生10%的回报，浮动范围在 ±5%，然后拒绝这个机会。第二家企业凭借其卓越的风险管理能力，看到了同样的机会，预估其可能的回报率为10%，浮动范围为 ±3%，因此进行了投资，即使在最坏的情况下，回报率仍能战胜它们的门槛利率。第二家企业得以成长起来，为股东提供更好的回报。如此经过数年，第二家企业可以建立起将风险转化为机遇的声誉，而投资者也会相应地提高其价值。

需要注意的是，第二家企业花在参与风险管理的员工身上的钱并未被归类为投资，尽管这些花费会在未来很长一段时间内产生回报。对风险管理能力的投资与成功企业的其他形式的投资有明显的相似之处。如企业一直在对其员工和计算机系统进行增量投资，建立IT团队来维护其技术投资，而这些团队也花时间开发新技术的独特内部应用，为客户和企业带来更多价值。那些不断接受培训的员工会更加灵活，工作效率更高，这也为客户和企业创造了更多价值。这些好处会持续到未来很长一段时间。尽管风险管理活动具有投资的所有特征，但它通常被视为一项单纯的开支。

在2018年出版的《无形经济的崛起》一书中，乔纳森·哈斯克尔和斯蒂安·韦斯特莱克研究了许多"无形投资"为股东提供价值的证据。无形投资是指在知识和其他软性因素上的投资，能够促使企业成功并获得回报。这些投资包括研究和开发、新专利、品牌广告、员工培训以及支撑全球价值链的国际关系的发展。我认为，在下一个不确定的时代，风险管理投资将成为企业创造价值的一个公认渠道——下一个重要的无形投资渠道。

设想一家依靠全球供应链来生产和销售产品的企业如何管理贸易保护主义（迫使它降低供应链全球化程度的元凶）的风险？一种选择是简单地将去全球化作为一种防御措施，尽管人们普遍认为这将大大增加生产成本并提高价格。大多数企业在不得不把生产转移到工资较高的地方时，会利用这个机会提高自动化程度，这将导致在国内创造的就业机会远远少于决策者希望通过转移生产而实现的目标。由于这将导致产品价格高昂，而需求有限，因此公司更有可能保持其全球供应链。减少风险的措施包括在供应链中引入冗余环节以作备用，在多个国家发展多条供应链，尤其是在已达成贸易协定的国家。这种价值链重新优化所需的资金应被视为风险管理的无形投资。重要的是，最佳的应对方法将因公司而异，全球化不是非此即彼的提议，而是一个有多个选项的完整菜单。

哈斯克尔和韦斯特莱克表明，无形投资在经济中的重要性不断提升，与技术逻辑的进步基本一致。以美国经济为例，涉及机械、设备和房屋土地方面的普通投资在经济总量中的比重一直在下降，而无形投资却在稳步上升，特别是自20世纪90年代末以来。近年来，无形投资已经开始超过传统的资本投资。无形投资通常被视为损益表上的费用，而资本投资则被视为资产负债表上的资产。因此，大量投资于无形投资的企业看起来会有较低的盈利和较低的账面价值，而不投资于无形投资的企业的盈利和账面价值则相对较高。

假设一家企业多年来一直在进行战略性无形投资，并且市场认为其颇具价值，当这家企业被另一家企业收购时，可以想象会发生什么。收购方将支付超过账面价值的溢价，其差额将被归入合并报表中的"商誉"。正是在购买的那一刻，市场对累积的无形投资价值的估计才得以具体化。相比之下，那些自己悄悄投资无形资产但从未被收购的企业可能表现得非常好，通常人们会认为企业的发展像一个谜。

除了指出投资者常用的一些典型的企业业绩衡量标准以及国家统计人员常用的投资和生产力衡量标准的不足之处，有些观察者还指出了企业在应对新技术时面临的困难。如果投资者不承认无形投资对企业的价值，企业就更难站出来部署新技术。换言之，市场关注短期业绩可能也是造成近年来企业资本投资率低，倾向于股票回购而非有机增长的部分原因。在我看来，只有超透明、标准化的会计方法才能抵消这种趋势。

企业规模化趋势加强

无形资产的一个重要特点是可以使大企业获得超额利润。这与有形资产（如机器）只能在单个工厂中使用形成鲜明对比。例如，一家在其品牌上投入巨资的企业可以将该投资的获益扩展到世界任何地方的所有业务中。对研发、专利和其他形式的知识产权的投资也是如此。正如上一节所述，这也适用于对风险管理能力的投资。

无形投资的重要性日益增加，加强了企业规模化发展的趋势。这在技术型企业中最为明显，仅一项创新就足以让技术型企业的规模和市场价值呈爆炸性增长。这种情况下，企业的规模会不断扩大，甚至形成垄断占据整个市场份额。可以想想微软的操作系统对全球范围内绝大多数个人计算机的影响。

历史上，成长为市场主宰的企业会引起两种政策反应：强迫企业解体或封闭式监管。这方面的例子包括银行、电力供应商和电信企业。这些行业的企业变得越庞大，就可以赚取越高的回报率。当政府强迫企业解体或对其实施大规模监管，结果往往是市场被少数大企业瓜分，这些企业均有很大的市场力量。这种情况被称为寡头垄断，加拿大的银行系统就是一个明显的例子。市场力量意味着高利润，有些人可能会争辩说，应该削减这类企业的规模，才能促使更多的竞争，从而降低对消费者的定价，并降低利润率。另一些人则看重寡头垄断带来的稳定性，虽然较少的市场竞争会给消费者带来较高成本，但对整体经济可能存在好处。

现代经济正在走向国民收入分配不均。增长的主导权已经从有形经济转向无形经济，从商品转向服务，并且有自然力导致企业规模化和市场高度集中。这更可能致使下一波技术进步仅让少数人受益，并让收入分配情况进一步恶化。这俨然将成为干预主义政治的沃土，并为已然动荡的商业环境引入又一个不可预测的因素。

如果政府不能作为，企业将替代其角色

政府完全有能力直接解决收入不平等问题。政府可以调整所得税制度，确保税制更具累进性，或者部署某种形式的统一基本收入并通过向最高收入人群征税来补贴支出，同时保障大企业蓬勃发展、不断创新。然而，政治现实往往阻碍了这一进程，导致政府选择治标不治本的次优政策。随着政治变得越来越两极化，各方都被社交媒体鼓动起来，真正的妥协已经极为罕见。由于在政治层面上所有的政策选择似乎都不具吸引力，在我看来，减轻收入不平等加剧风险的责任将落在企业身上。

企业可以采取多种形式，而其中的一个候选方案是"利益相关者资本主义"，这一术语由世界经济论坛提出。它的基本概念是企业要考虑所有利益相关者的目标，而不仅仅是它们的股东。总部位于美国的商业圆桌会议是一个具体的例子，它代表着大约 200 家企业，这些企业雇用了近 1 900 万人。ESG（环境、社会和企业治理责任）在所有企业的目标和报告中的重要性日益提升，这反映了企业面临着相同的压力。这一趋势引发了一场讨论，有人认为如果企业继续只为其股东经营，社会会更好；有人则认为企业设立包括 ESG 在内的更广泛目标是必要的。我相信，在一个平衡的框架下，这场讨论甚至不会存在，在这个框架下，政府将 ESG 作为一种公共利益适当管理，企业只为股东服务，而那些想为社会做更多事情的股东可以自己展开行动。许多企业可能认为，通过填补 ESG 这一空白，满足大多数人的要求，可以减少批评，消除政治领导人采取不明智或自我毁灭政策的一些动因。换言之，对 ESG 的投资是企业的一种风险管理形式。

爱德曼信任度晴雨表衡量了对非政府组织、企业、政府和媒体的信任程度，该指数支持这一推论。它表明，收入不平等正在降低人们对社会的信任，而且公众的不信任程度远远高于大众的认知。与美国相比，加拿大的公众信任度要高得多，但加拿大也很少进入中立区。世界上有 56% 的受访者认为，今天的资本主义弊大于利。因此，企业接受更广泛的 ESG 目标并不奇怪。

一些评论家对 ESG 趋势嗤之以鼻，认为企业应该坚持自己的使命，政府也应坚持自己的使命。如果政府能够完成自己的工作，且人们相信政府能够做出一致的判断，那么这种说法当然没问题，但是将这些结果的实现寄托于政治的切割和推力似乎有些天真。企业正在以理性的方式对压力做出反应，而这些压力如果被忽视，可能会导致企业的毁灭。它们的发展符合股东利益最大化，更何况是它们的雇员。简言之，虽然企业将资源用于 ESG 在最初可能出于利他主义，但最终目标并非如此。

这并不是说企业的盈利能力不再重要了。事实上，这种能力是更广层面上企业游戏中的赌注。投资者的能力可以非常强大。在 ESG 方面不符合社会标准的企业将被排除在投资组合之外，它们的股票价格将下跌，资金成本将增加。但是，如果一家企业决定在 ESG 责任上承诺走得太远，那么情况可能也是如此。企业需要平衡盈利能力和 ESG 责任，由社会通过市场执行机制来确定步伐。

在这个更广泛的框架中，员工是一个非常重要的群体。如前文所述，未来的经济和金融不稳定性加剧，将使员工个人处境更加脆弱。中央银行平抑经济波动的能力肯定会比过去差。负债累累的政府试图满足所有人的要求，但实际上它们无法满足任何人的要求，它们不可能建立一个能够完成所有任务的社会安全网。我认为，就像上述其他方面的风险一样，企业将把承担大部分的负担视为自己的责任。这对企业有明显的好处，而那些能很好地处理这些问题的企业应该得到投资者的认可。那些彰显自己价值观的企业领导人（就像皮卡德和巴特勒）会很自然地接受企业的 ESG 目标。

可以通过扩大高绩效公司已经实施的人力资本投资的形式来解决员工风险。这是最为个人化的无形资本。但是，该如何应对那些经济构造力给员工带来的经济和金融波动呢？工作的不安全感、房屋价格的上涨、利率的波动，所有这些关乎员工福祉的重要事项都是需要企业关注的问题。一家能够有效管理失业风险的公司，将有助于保障员工的经济安全。那些在员工工作岗位被科技取代的情况下，仍让员工继续工作并提供再培训的企业明显会比不这样做的企业有明显的招聘优势。如果像第十章所假设的，工会卷土重来，企业将会面临压力，即使员工没有加入工会，企业也可能希望提前采取这样的行动，避免遭受工会指责。同样的观点也适用于今天的儿童托管，这是一个基础设施缺口，大多数政府都没有采取什么措施来填补。儿童托管是处于职业生涯最重要阶段员工面临的紧迫问题，企业自然需要帮忙解决。

在一个老龄化社会，有才华和认真投入工作的员工十分稀缺，无论遇到什么困难，企业都将认为保留这些员工符合自身利益，当那些被保留的员工能够产生更好的企业绩效时，股东也会认同这一观点。基于价值观的、更为平衡的企业管理将体现为更高的股票价格，这是企业成功的最终决定因素。

鉴于住房对员工的重要性，以及与之相关的金融风险的严峻性，如果企业支持员工获得抵押贷款，甚至直接向员工提供这些抵押贷款则并不夸张。支持员工获得抵押贷款需要企业配合员工，并在员工就业中断时承担他们的抵押贷款（或相当于保证最低收入）。房屋所有权日益昂贵，超出了更多家庭的承受能力，企业甚至可能发现直接开发员工住房具有优势，甚至可以建设员工社区。住房可以成为薪酬的一部分或者基于共有模式，允许员工享有部分房屋所有权。毕竟，大企业比个人更有能力承受利率风险和住房价格风险。这样的住宅计划像是长期留住员工的一种"金手铐"的形式。

的确，劳动力的流动性可能已经达到顶峰。如果领先的企业更加关注就业，那么也许会再次出现终身雇佣的承诺。企业可以在员工的职业生涯中承担起培训、再培训和再再培训的责任，酌情利用公共项目，同时承担员工面临的许多其他经济和金融风险。

至少，企业需要提高这些不同形式无形资产投资事件的透明度，让投资者能够适当地了解它们。同时，也应当构建、标准化、公布和监测ESG绩效的衡量标准。理想情况下，薪酬政策应基于衡量到的ESG绩效情况。在早期阶段，企业可能会宣称自己在践行ESG，指出企业的部分利润将用于慈善捐赠、从事公益事业，并且企业会寻求对这种支出的认可。但这离将ESG和实践融入企业的基因，并根据这些实践提供绩效和薪酬激励措施还有很大的距离。

报告碳足迹是提高透明度的一个完美例子，而制订减少碳足迹的具体计划是合乎逻辑的下一步。这种透明度需要大幅提高，否则投资者只能将企业归类为"绿色"或"非绿色"。生活中充满了各种不同的绿色，但投资者需要花费大量的精力来辨别这些颜色。我们需要对碳足迹和气候变化风险敞口进行全面和标准化的报告，七国集团成员正在推进这一议程。尽管这看起来很困难，但与工作场所多样性、将环境标准纳入决策、工人和人权等治理问题相比，这是很容易的，尤其是当企业在外国运营时。企业不能只简单地陈述其标准；它需要根据这些标准来衡量业绩，以便与其他企业进行比较。

此外，上市企业所面临的每一个风险实际上都是声誉风险，因为失误对于快速变化的市场来说是非常明显的。投资者通常相信首席执行官会把企业声誉当作自己的声誉一样维护。搭建一个严格的风险管理结构意味着一直将这种所有权分散给一线员工。新的治理结构可能会从这一思路中诞生。利益相关者咨询委员会、工会的更多参与、为特定选民保留的董事会席位，以及广泛采用基于价值观的领导方式，都是未来的明显趋势。

本书提出的波动性或风险中的每一个新因素，最终都将在某种程度上进入公司董事会。正是通过这种企业结构，人类才会围绕着经济和金融市场被组织起来。企业利用团队合作来创造经济增长，并为人们提供有意义的工作岗位。因此，每一个因素对投资者都很重要。

防止经济和金融波动性的加剧似乎是政府的天然职责。通过优化设计，政府可以做很多事情来确保经济能够应对风险，但如果认为完美的风险管理可以通过乖张的政治实现，那么这将是一种幻想。未来增加的风险需要在某处落地，我认为，企业需要承担这些风险，而且将会看到这样做符合它们的最佳利益。那些做得好的企业会为它们的股东带来收益。就像现在的企业在花哨的咖啡机、内部健身房和休闲空间方面相互竞争一样，不断上升的风险和熟练工人的短缺将导致企业在风险管理方面进行更多的投资，不仅是为了企业自身，更是为了它们的员工。

这对财力雄厚的大型跨国企业来说是可行的，但对于大多数经济体中雇用大量工人的小企业来说，则是一个很大的挑战。然而，大型保险公司或其他私人部门实体创建风险管理的保护伞，让小企业可以在其中运作是非常可行的，其方式类似于今天小企业通过保险公司提供健康福利的方式。简言之，这种情况需要企业对 ESG 中的 "S"（社会）部分进行管理。投资者将是结果的最终判断者。

结　论

开启新时代

2004年7月18日，星期日，我早早出门和我的好友格伦打了一场高尔夫球。那天风和日丽，明显有些热。上午11点半，我们打到了第十二洞，一路上坡，在150～200码区域有一片高地。我的开球落在高地右侧，格伦的开球则落在左侧更高的地方。

爬坡有些艰难，我喘着粗气。在走到我的球旁边时，我已经感觉有些头晕。我在地上坐了一会儿，等到不再感到天旋地转时才再次站起来，伸手去拿5号铁球杆。格伦打电话来问我是否安好，我记得我回答的是不太好。

格伦懂得急救，他走到我身边时，我的脸色已经发灰了。格伦感觉不到我的心跳和呼吸，他向等在发球区的人群喊话求救，同时开始给我做心肺复苏。一分钟不到，我又跳了起来，再次伸手去拿5号铁球杆，但那天那场高尔夫球就这样结束了。球场经理用高尔夫球车把我接走，我们在开着空调的专业用具商店里等待救护车。前台工作的女性告诉我，我很幸运，因为她的丈夫几年前正是在第十二洞处心脏病发去世的。出于某种原因，我对自己感到不太放心。

20年前，我就被诊断出患有二叶主动脉瓣疾病，每年都得接受检查。我的二尖瓣有两个瓣膜，在每次心跳时打开和关闭，正常人则有三个瓣膜。这是我在母亲子宫中形成的先天性缺陷。本书第二章就提到，在20世纪50年代，人们对怀孕期间抽烟这一行为持不同态度。心脏瓣膜的能力会随着时间推移而减弱，最终变成巨大的风险。我知道自己身体存在这种风险已经有20年了，但一直觉得它很轻微，无须担忧。但随着时间推移，这个微弱的风险渐渐扩大，在某一天和其他因素——一座高山、一个炎热的日子——发生反应，就会变成威胁生命的危险。

八周后，我安装了一个人工不锈钢主动瓣膜。又过了八周，我回到了首席经济学家的演讲台上。人们问我是否瞥见了来世，是否看到了传说中那道白光。我恐怕并未看到。我完全记不得晕倒后的情形，只记得从深度睡眠中清醒过来的感觉，并感到精力充沛。

这个事件确实改变了我，正如"黑天鹅"重塑了后来的历史并改变了人们对风险的看法，我不再是一个完美主义者，我对人更感兴趣。我敏锐地发现，如果不是我的朋友和优秀的医生团队的迅速行动，我会错过生活中的一切：孩子的成长、成家、孙辈绕膝的快乐时刻，我的签名出现在加拿大纸币上的时刻，我和总理坐在哈灵顿湖码头边的时刻。从那时起，活着的每一天都像是一份礼物，我很难不对未来保持乐观。讽刺的是，竟是一次重大的厄运帮助我用更积极的方式构思未来。

从那天起，我进入了一个新时代，这一点表现得很明显。我成为加拿大中央银行行长之后，媒体称我为"阳光斯蒂芬"。毫无疑问，我在处理经济问题时总是带着很强的对大自然的信念，因为大自然的力量总是具有重建性，随时间推移总能带领经济重回均衡。在这个经济学家容易强调消极因素的世界里，我是个爱唠叨的反对者。

我认为，全球经济也正在进入新时代，而新旧时代之间的差距被新冠疫情刺破。我将它称为"下一个不确定的时代"。

新冠疫情防控期间，我们的恐惧使得其他问题逐渐弱化，但它们并未消失。人们会发现，早在新型冠状病毒出现之前，经济不稳定性已在增加。这是因为，在全球经济表面下运作的构造力的影响越来越大，未来几年里，这些构造力会相互作用并放大彼此的影响。这里提到的五种构造力，包括人口老龄化、技术进步、收入不平等加剧、债务增长和气候变化，将会在未来引发经济和金融地震。唯一确定的是更大的不确定性。

人们天然厌恶不确定性，所以这个预判对许多人而言十分消极。但是，对未来保持乐观的空间仍然很大。我们正在见证巨大的技术进步，这些进步将会延长寿命、提高生活水平，并缓解气候变化。生活会变得更好，就像现在这一代人乃至之前一代人一样。

悲观主义者不会这么认为，因为历史已经反复证明，人类的进步从未被平等分享。诚然，成功的果实会首先落入发明家、他们的企业、他们的投资人手里。只有在第二轮，也就是这些收益被普及之后，才会出现共同繁荣，整个社会水涨船高。历史经验表明，这最终都会发生。它还表明，在第二次工业革命时，这种情况发生得比第一次工业革命时更快，而第三次工业革命时则发生得比前两次更快。在政治允许的情况下，好的政策制定会让第四次工业革命发展得更好。所以说希望很大。

即使如此，这五种构造力仍在不断增强，并将在未来的时代以不可预知的方式相互作用。生活的风险会加剧，因为经济和金融的波动性会更频繁、更大规模地影响日常决策。

在不可阻挡的长期自然力量的共同作用下，经济风险的增加不能简单地被抹去或轻视。理解这五种构造力有助于为过去一些重要的失序事件提供更连贯的解释，包括19世纪末的维多利亚大萧条、20世纪30年代的大萧条、20世纪70年代的滞胀、1997年的亚洲金融危机和2008年的全球金融危机。对于这些事件，人们分析了各种驱动因素，其中很多是近似并且相对浅显的。本书提供的更深层次的解释是基于一套共同的构造力。这意味着在一个小事件催化一连串经济和金融波动之前，压力可以积累很长的时间。因此，将危机归咎于催化剂而不是潜在的自然力量是正常的。

这种对历史的新解释意味着，想要通过纠正导致危机的一两个因素来预防危机不太可能。其他构造力将在内部发挥作用，它们的合力仍有可能导致混乱。但历史表明，决策者至少可以从每一次重大的经济事件中吸取经验教训，完善自己的工作。修复导致过去危机的因素不大可能预防未来的危机，但危机管理应该得到加强。正如虽然我们不能阻止地震发生，但我们可以建造更能适应地震的建筑物，并制订应急方案。

不断加剧的风险浪潮将对人们产生巨大影响，颠覆他们的金融决策。中央银行和政府在管理经济波动的能力上都将面临更严格的限制。对于中央银行来说，持续低利率将限制它们回旋的余地。对于政府来说，人口老龄化导致相关的财政负担加重，加上在抗击新冠疫情时政府产生了大量债务，这都意味着稳定性政策的范围更窄。同时，经济波动将比过去变得更加频繁，规模也更大。

在这种情况下，每个人都需要更多地考虑未来通货膨胀的情况。我们完全有理由期待主要的中央银行将继续致力于控制通货膨胀，但政治介入的风险更大。政府债务存量使政府具有强烈的动机向中央银行施压，允许通胀率上升。这种情况不仅在财政和制度能力较弱的国家尤为明显,就是在主要经济体中,债台高筑的家庭也可能喜欢更高的通胀率,并投票给那些宣称支持更高通胀率的政治家。

劳动力市场可能最能感受到即将到来的波动性增强。失业现象将更加频繁,规模也会更大,但中间也会有一段部分工人短缺的时期。自然失业率会更高。人们预想的高工作流失率、技术对人工的替代、不平等加剧以及工人承担的其他风险,可能会促使工会复兴。人们的职业生涯会更长,而工种会不断发展变化。

这些构造力将导向温和的经济增长和持续的低实际利率。如果住房供应和移民政策没有发生重大变化,这种组合将带来家庭负债的增长和房价的持续上升。政府与其寻找控制或扭转房价的方法,不如促进金融部门对抵押贷款政策进行创新。现有的许多限制抵押贷款的规范是大萧条时期的产物。但如今人们的寿命更长,工作时间更长,没有理由不让他们在退休或去世之前拥有全部房屋所有权。为购买房屋进行的融资应该像租赁机动车一样容易,只是房屋通常会升值,而机动车会贬值。在适当的激励措施下,可以应用多种风险共担或共有模式来进行抵押融资。利率的波动性也会更大,更大的利率波动使得定期续签抵押贷款的风险较大。金融机构提供的抵押贷款形式可能会随之发展,超越今天的标准。房价的波动性也可能更大,或上涨或下跌,这会增加因就业而搬迁的人所承担的风险。保护社会不受经济风险上升的影响似乎本就是政府的职责,因为减少风险和不确定性是为了更大的公共利益。类似地,保险公司承保洪水险或地震险,并经常将这种风险再保险到全球保险池中,无论这种灾难性自然事件的来源如何,总是需要政府提供支持和保障的。

部分政府在管理经济和金融风险方面比其他政府做得更好。毫无疑问,随着时间推移,政府在这方面会做得越来越好,它们对第三次工业革命、全球金融危机以及新冠疫情做出的反应就是证明。然而，应对经济波动的挑战也会越来越多，地方政治和全球地缘政治的状况让决策变得越发困难。日益严重的民主两极化，通过社交媒体被最大限度地扩大，这并不利于达成未来几年所需的那种大谈判或"新交易"。即使颁布了开明的政策，我们也不能假设政府有能力为整个社会应对经济风险增加提供保障。一个更强大、更自主的社会保障网是对未来不确定性的有效回应，但它也不能使经济免受所有新风险的影响。此外，财政能力也不是无限的。不断加剧的风险浪潮将使决策者难以承受，使经济比以前更加不稳定。

幸运的是，人们已经找到了影响他们未来的渠道。他们看到了世界上存在的问题，并要求企业为解决这些问题做出贡献。人们有储蓄可以投资，同时希望得到他们投资的企业也为解决这些问题做出贡献。越来越多的企业认为，将资源用于解决这类问题，特别是气候变化问题，符合企业的最佳利益。我相信，这种想法在未来几年将会扩大，企业也将承担更多员工面临的风险。

过去企业社会责任（CSR）的概念现在被称为ESG。那些很好地实施ESG的企业有可能得到具备ESG意识的投资者的奖励，如企业股票价格上涨，这种做法与"股东价值最大化"的目标之间并没有矛盾。在幕后，企业必须在纯粹的盈利能力和因ESG增强的盈利能力之间找到平衡，以配合社会和投资者的情绪。公众的价值观将成为企业及其领导层的价值观。

虽然一些企业将不断扩大的ESG趋势视为一种义务，但也有企业把它视为一个机会，以创造一个相对于其他企业的新竞争优势。在一个工人越来越少的世界里，企业将更加把员工看作一种值得保护的资产，以避免风险的增加。在招聘、留用、终身培训和风险管理方面的广泛投资只要能在一段时间内转化为企业业绩的提高，就会被投资者看好，并反映在市场估值中。企业将帮助雇员应对经济波动，并将享受帮助雇员管理其最大的财务风险，即住房的好处。可以采取多种形式做到这一点，包括企业帮助个人分担抵押贷款风险、由作为雇主的企业提供抵押贷款，甚至是由雇主直接提供住房。在我看来，那些纯粹认为企业应该坚持自己的职责而让政府来照顾公民的人，是在做一个错误的二分法，这种想法将被摒弃。

本书介绍了如何识别我们当下的不断动态发展的结构性力量，并思考它们将如何改变未来。这不是真正的预测，而是试图窥探我们未来的广阔前景，并在预测中变得更加自如。未来可能比过去更不稳定，因此也更不确定，这一结论将使许多人感到沮丧。我们不应该对未来感到惊讶。

对于企业来说，应将有意义的资源投入风险管理中。塔勒布在《黑天鹅》中也得出了类似的结论。他的建议是，企业应该小心翼翼地保护它们的核心业务不受风险影响，同时也要持有一些资本进行投资，以抵御坏运气和利用好运气，这提醒我们波动和风险是具有两面性的，尽管我们习惯性地认为风险就是不好的。这意味着企业需要在将大部分资本投资于基本业务的同时，投入实际资源来避免或应对不幸事件，而且还需要保留部分资本以便在发生某些好运事件时能够迅速调整方向。好运事件包括出现新的通用技术，而这种技术的运用需要花费真金白银。塔勒布将这种资本分配称为"杠铃战略"[①]。如果没有好运降临，企业可能会对节省下来的资本感到后悔，因为它本可以

[①] 即如果你明白自己容易受到预测错误的影响，并且愿意承认大多数衡量标准并不完美，那么你的策略是尽可能地保持超保守和超激进的态度，而不是温和地对抗或保守。——译者注

按照基本商业计划被投资到更多的经济增长点上。然而实质上，人们永远不会后悔为"黑天鹅"事件做准备，无论是不幸的还是幸运的。

一个有力的例子是汽车保险。在每年续保时，司机可能会对在过去一年中支付了保险费而感到后悔，因为他们没有发生任何事故。在一个不确定性比过去大一个数量级的时代，一家企业如果没有针对坏结果的保险或没有利用好结果的能力，那么这家企业的发展战略风险极高。用唐纳德·苏尔的话来说，成功的企业不仅需要一个首席风险官，还需要一个首席机会官。

为了控制风险，我们中的许多人向专家寻求建议，因此值得一问的是，这种分析对经济学家来说可能意味着什么。我认为，五种经济构造力正在改变我们的经济基础，这将给经济学的实践带来巨大的破坏。今天的模型在新时代可能没有什么价值。这种情况以前同样发生在经济学家身上，在20世纪70年代初也出现了类似的构造力合力："婴儿潮一代"的劳动力大量涌现，收入差距不断扩大，油价暴涨干扰了技术发展，全球通货膨胀急剧上升，战后的全球货币体系已然崩溃。经济学家努力理解20世纪70年代出现的新情况。约翰·肯尼思·加尔布雷思于1977年出版的《不确定的时代》解释了原因，而本书则解释了为什么50年后他们会再次这样做。

正如印度尼西亚巴厘岛的居民已经适应了无处不在的大地震风险，我们也将适应一个更加危险的世界。我们的经济正在实时演变，以应对五种构造力带来的日益增长的风险。一切都交给大自然来运作吧。至于其他的，势头正盛的绿色投资力量、ESG问责制的出现、商业圆桌会议和其他形式的利益相关者资本主义都证明了人类有能力适应下一个不确定的时代并实现繁荣。历史证明，人类有权利对未来乐观，有了人们的努力和智慧，就没有不可战胜的困难。

后 记

理解后疫情时代的通货膨胀

反思：2023年夏末

新冠疫情暴发三年后，也就是本书英文版发行仅 18 个月后，我们发现自己深陷于不确定性中。俄乌冲突还未平息，西方国家与中国关系胶着，人工智能已经成为现实。"婴儿潮一代"的大量退休引发了劳动力短缺。原本预期的经济有序复苏现在被全球通货膨胀和世界各大中央银行的激进加息政策所冲散。商业银行的脆弱性再次成为焦点。世界简直是在"燃烧"。

日益加剧的不确定性使人们感到焦虑，并助长了对未来的悲观态度。自 1945 年以来，人们第一次担心自己的孩子可能不如自己过得好。这种负面情绪也反映在政治言辞中、政治家为我们提供的选择中，以及我们的选举决策中。

下一个不确定的时代已经到来了吗？这是很多人在读完我的书后提出的问题，这本书的受欢迎程度远远超出了我的预期。我的书得到了认可，被翻译成朝鲜文和中文，我也因此有了一些签售和受邀演讲的机会。在这些活动中，我试图帮助人们理解他们今天所看到的世界,并使用经济构造力来验证他们的直觉。

我从读者那里接收到了各种深思熟虑的问题,并注意到有两个主题比较突出:(1)后疫情时代预期的经济复苏为什么偏离了轨道?(2)在这种情况下,我在书中提到的五种经济构造力起到了什么作用?

我尝试接受日益加剧的不确定性,将问题从"我们的未来会是什么"改为"我们的未来会是什么样",在我看来,两者有很大的区别。与此同时,大多数经济学家仍在他们的预测中就小数点问题进行争论,毕竟旧习难改,不论对预测者还是对客户来说都是如此。与此形成鲜明对比的是,天气预报员则已经能很好地应对气候变化导致的日益增长的天气不确定性了。我希望经济学家同样能够改进他们的工具,找到新的方法来提供可行的建议,帮助我们更好地管理未来的风险。

后疫情时代混乱的经济复苏

后疫情时代的经济复苏原本应该是井然有序的。在2020年春季,决策者的目标是"让经济停摆"(尽可能停止大部分经济活动以保护公众健康并提供财政支持来满足基本需求)然后"重新启动经济"使经济回归正轨。但这一简单的愿景不得不被放弃,因为经济停摆延续到了2021年。事实证明,重启经济活动比让经济停摆要困难得多,而且这种困难会随着停摆时间的延长而加剧。

对我们来说,当时的一个主要未知数是,要为经济提供多长时间的超常规支持才算适当。起初人们普遍认为,一旦复苏明显开始,就可以取消超常规措施(对应"停摆/重新启动"的比喻)同时考虑到经济对政策变化具有延迟反应。现在我们知道，早在2020年底之前，经济复苏就"在进行中了"，新型冠状病毒新变种的出现，给经济复苏增添了新的不确定性。随着疫情发展到2021年，决策者面临的风险仍然是高度不对称的：过早撤回超常规支持可能会面临重新唤醒全面萧条的风险，而实施太久可能会导致经济过度增长，从而进一步造成通货膨胀"超调"。大多数经济学家都认为管理通货膨胀比避免萧条要容易。

但随后风险平衡发生了变化——俄乌冲突爆发了。

这一地缘政治冲突的背景很复杂，更适合由政治学家来解释，但我认为经济构造力正在发挥作用。我们正在目睹全球政治走向民族主义增强的趋势，它正在侵蚀全球合作主义精神和实践。我相信，其中一项根本原因是收入不平等的加剧。人们越来越感觉到被技术或全球化抛弃。无论是左派还是右派，政客们通过推行内向型政策和创造国际竞争而非过往的国际合作来迎合人们的不满。

收入不平等的大幅加剧是过去工业革命——蒸汽机、电力和计算机芯片发展的自然结果。第四次工业革命——广泛的数字化、人工智能的出现等——才刚刚开始。人们清楚地意识到他们的生计面临着被破坏的重大风险，民粹主义政治家还热衷于提醒他们这种脆弱性。因此我相信，随着第四次工业革命的展开，未来10~20年，政治两极分化、民粹主义、民族主义和国际紧张局势将呈上升趋势。这一趋势将为未来意外出现的地缘政治变化创造更大的空间。

俄乌冲突的外溢效应也被经济构造力放大。食品、燃料和肥料的价格显著攀升，推动各国总体通胀率增长了5~6个百分点。各国中央银行已做出积极反应，而高利率的影响反过来又因巨额债务后遗症被放大。余震将在未来几年内持续发生。

后疫情时代通货膨胀的两股趋势

将全球通胀率攀升的全部责任归咎于中央银行是荒谬的，尤其是当其中大部分源于俄乌冲突时。不过，各国中央银行维持宽松政策的时间确实过长，以至于超过了 2% 的通货膨胀目标。政府政策也促使了通货膨胀压力的增大，各国纷纷将其支持计划延续到了经济复苏的深入阶段。

设想一下你正在开车朝一个路口驶去，但你等到最后一秒才松开油门，然后猛地踩刹车，那么你肯定会冲过路口。在经济运行达到或超过满负荷、通胀率恢复到 2% 左右时，刺激性政策才最终停止的情况就犹如开车。为了在开车时避免事故发生，你必须考虑从油门切换到刹车的滞后性，并创造一个有序减速的过程。经济也是如此，但随着情况的发展，我们必须实时权衡两边的风险，并采取行动以避免最坏的潜在结果发生。现在，想象你正在朝那个路口驶去，但地震导致你身后的路面出现了巨大的裂缝。你首要关心的是跑赢裂缝，安全通过路口则是次要的。机械地追求通货膨胀目标意味着要早早地移除财政和货币刺激，这可能会导致经济大幅衰退，但通货膨胀的峰值却只减少了 1%～2%。

因此，在 2022—2023 年有两股不同的通货膨胀趋势。一股主要是国内性质的，大多数国家为 3%～4%，这源于国内需求过剩和与疫情相关的供给限制。另一股更大的通货膨胀趋势是国际性的，是由俄乌冲突引发的大宗商品供给中断所导致，所有国家都受到了影响。

人们总是期望国际通货膨胀趋势将被证明是"暂时性的"，这是经济学家经常使用的一个不幸的术语。即使食品、燃料和肥料的价格保持在最高水平，俄乌冲突 12 个月后的年度通胀率也开始同比下降。这在性质上是暂时的，但在时间上并不是。同时，由于这些大宗商品是生产其他商品的基础，"暂时性的"通货膨胀可能持续更长的时间。到 2023 年，我们仍在购买 2022 年生产的、在原料生长过程中使用昂贵化肥的食品。据早先预测，2022 年初，以商品为基础的通货膨胀飙升最终会减弱，但至少要 12 个月，甚至 24 个月。对于亲身经历过通货膨胀的公民来说，两年的时间听起来并不是"暂时性的"。

2023 年发生的事件支持了这一解释，因为随着国际通货膨胀趋势的大部分消退，许多国家的通胀率已放缓至 3%～5%。重要的是，总体通胀率的下降在中央银行加息对通货膨胀尚未产生影响之前就早已发生。这些影响在 2023 年中期的经济活动中开始显现，并将在 2024 年改变通货膨胀走势。随着这一过程的展开，全球利率可能会回落，不是回落到疫情防控期间的水平，而是回落到 2%～3% 的正常水平。围绕利率的自然平衡点始终存在很多不确定性。

如果没有发生俄乌冲突，将通胀率从 3%～5% 降低到 2% 本来是一项相对容易的任务。利率不太可能像现在这样大幅上升。国内方面的另一个复杂因素是政府持续的财政刺激，即较早取消刺激措施将意味着减少过剩需求，从而降低利率峰值。然而，最大的未知数是通货膨胀能否自行发展。在经历了 8%、9% 甚至 10% 的通胀率之后，个人可能会尝试通过谈判来提高工资，从而引发第二轮国内通货膨胀。即使是短暂的国际通货膨胀也会以这种方式影响"国内通货膨胀"，使其变得具有"黏性"。当然，总是有可能出现新一轮的国际通货膨胀，推动整体通货膨胀回升，并再次启动这一过程的。

了解通货膨胀的根源是治疗通货膨胀的关键，当需求超过供给时，通货膨胀就会上升，但这可能是因为需求增加，也可能是因为供给减少。在2022—2023年，疫情冲击同时扰乱了需求和供给，而且各行业恢复正常的进程并不完全同步，因此在这方面出现了相当大的混乱。例如，在疫情防控期间，人们无法享受假期出行或外出就餐，但他们可以购买新车，特别是在利率极低的情况下。但由于疫情导致相关生产中断，计算机芯片出现短缺，进而引发了新车供给短缺。许多人订购了新车，但要等很长时间才能到货。当车辆在2023年初开始陆续到货时，看起来像是出现了销售热潮，但实际上这只是交付热潮，销售在很早之前就已经完成了。

这一微妙之处非常重要。当通胀率因需求过多而居高不下时，经济必须放缓以使得供给迎头赶上。提高利率或更严格地削减政府支出可以实现这一目标。在此过程中，我们观察到的是经济增速放缓，然后是通胀率下降。然而，如果由于供给不足而导致通胀率居高不下，那么需要加快供给的恢复来赶上需求。当这种情况发生时，我们会观察到经济走强，随后通胀率下降。大多数经济模型都是围绕错综复杂的需求而建立的，同时对供给做出了简单的假设。我们正处于需求和供给渠道同时发挥作用的情境中，因此误解经济迹象的风险增加了。

经济构造力正在加剧这种复杂性。

第一，人口老龄化正在引发全球退休潮，造成劳动力短缺、失业率走低和工资上涨。在此基础上叠加移民这一要素，就能创造大量的就业岗位，这通常被解释为增加了通货膨胀压力。向经济中增加新的劳动力会造成供给超过需求，从而抑制通货膨胀。这种混乱以前就曾出现。20世纪70年代初，"婴儿潮一代"首次加入劳动力市场，就是这样一个例子：失业率上升，宏观经济政策仍然宽松，人们相信通货膨胀会下降，但全球通货膨胀反而激增。失业率与未来通货膨胀之间的关联在今天可能和那时一样不可靠，因为我们正在经历一次重大的人口转变。

第二，债务增长使得应对通货膨胀的政策更加难以调整。一方面，家庭和公司债务增长意味着利率上升的影响比过去更大，并且可能会更快地导致通胀率下降。另一方面，银行允许许多重债家庭延长抵押贷款期限，从而减弱利率上升的影响。然而对于政府来说，其含义则更为明确：更高的债务加上更高的利率意味着财政部门的偿债负担更大，会引发人们对财政可持续性的怀疑。

第三，第四次工业革命将使全球经济受到通货紧缩的冲击。就像1995—2005年那样，在接下来的10～20年中，假设其他所有条件相同，通胀率更有可能低于模型预测的水平。当然，其他所有条件并非完全相同，这使得通货膨胀的前景不仅高度不确定，而且存在风险。政府和家庭债务维持高水平且持续增长，极大地刺激了一轮高通货膨胀。政治上的民粹主义转变几乎肯定会增加这一风险。高度负债的家庭和政府是20世纪70年代通货膨胀的大赢家，投资者是大输家。因此，将通货膨胀保险纳入投资组合是非常明智的。

好消息是，各国央行已经强调了它们致力于控制通货膨胀的决心，并得到了政府和选民的支持。坏消息是它们的宏观经济模型无法应对如此复杂的情况。

我们的未来会是什么样

对于那些想知道下一个不确定的时代是否已经到来的人来说，简短的回答是"是的"。我们会有令人欣喜的平静时期，但这些时期将成为例外，而不是常态。经济构造力正在将我们推向更加陌生的领域，在那里，我们将比过去更容易受到新冲击的影响，我们的政策杠杆（如果真的有效的话）可能会以不同的方式运作，而且政策出错的可能性很大。经济和金融波动将会增加，而不是像我们所希望的那样减少。预测者应该专注于为公司和家庭制订多种可信的情景方案，以帮助人们直观地看到未来的其他可能性，并做好准备。

由于在疫情防控期间做出了非凡努力，政府现在已经缺乏财政能力来保护我们免受日益增长的风险的影响。各国政府都需要重建这种能力，为应对未来更多的麻烦做好准备，因此当前政府可能无法负担它们想要做的所有事情。人口老龄化和地缘政治紧张局势的加剧推动了财政需求日益增长，这只会使这些选择变得更加困难。

因此，个人也应该通过建立更大的财务缓冲来增强自己的韧性。终身消费—支出计划可能会发生重大变化，但最可能发生变化的是雇主与雇员之间的关系。持续的劳动力短缺意味着工作安排日益灵活、工资上涨以及员工养老金提高，同时公司会在新技术上增加投资以提高生产率。聪明的公司已经走在了这一趋势的前面，我预计这将成为未来的一个主要投资主题。

毫无疑问，我们的未来看起来很艰难，但我们也需要记住，波动性并不都是坏运气。从历史上看，好运气总是胜过坏运气，毕竟这就是我们走到今天的方式。

2023 年 8 月于加拿大渥太华

致 谢

多年来，我在领导两个杰出组织的过程中认识了许多优秀的人并与之共事，对此我深感幸运。如果一一感谢所有帮助我一路走到今天的人，难免会遗漏许多重要人物。所以，我认为最好的致谢词正如我在前文中所述：诸多随机事件、境遇和决定的累积造就了我们，改变其中任何一项都会将我们引向与今天所处位置完全不同的地方。如果没有我过去经历的一切，这本书就不会存在。感谢各位，希望我已经足够努力，配得上各位的帮助！

撰写本书的想法最初源于 2019 年我在云杉牧场财富变迁圆桌会议上发表的演讲。加拿大中央银行的两位顶级研究人员 Thomas Carter 和 Jacob Dolinar 帮我完成了那次讲座的背景研究，许多同事为我的工作提供了想法。特别感谢 Carolyn Wilkins 和 Jill Vardy 提供的咨询。因为云杉牧场财富变迁圆桌会议吸引了高质量的参与者，会议结束后我相信这次演讲的内容可以成书。感谢 Nancy Southern 及其整个家族邀请我在他们的世界级论坛上论证自己的想法，感谢他们年复一年的款待。

写书是一项孤独、自私的事业，需要占用分给家庭、朋友和其他工作的时间和精力。因为担心努力可能会白费，所以我也不愿意谈论太多。感谢与我相伴 50 余年的妻子瓦莱丽的包容，感谢她与我共度了这段时光。没有她的爱意、明智的建议和无尽的耐心，这一切都不会发生。

创作目的明确后，一本书就开始逐渐成形。但将它送到读者手中，还需要一些运气和专业帮助。我与加拿大商业新闻网的 Amanda Lang 合作了 20 余年，她才华横溢又精力充沛。她热情地阅读了本书的第一版，并把我介绍给她的文学经纪人 Rick Broadhead。Rick 对我很好，不知疲倦地为我普及出版知识，让我的书可以送到可靠的人手中。此人即企鹅出版集团加拿大公司的 Nick Garrison，他认可我的想法，并提供了更多空间，让我可以更清楚地阐述自己的想法。女王大学史密斯商学院的 David Detomasi 也阅读了本书的早期版本，并提供了宝贵的意见。感谢本书的文字编辑 Crissy Calhoun 和企鹅出版集团的编辑团队，他们对成书做出了非常重要的贡献，特别是 Alanna McMullen，还有企鹅出版集团创意小组的所有成员，他们兢兢业业，并在书封中展示了本书的思想精髓，他们都应该得到嘉奖。

多年来，我已习惯被闪亮的、敬业的人包围，他们激励我、帮我承担了大部分辛苦的工作，并让我不受琐事困扰。相比之下，本书是我退休之后撰写的，需要我重回独立工作的状态，因此我愿为本书的所有错误负责。

参考文献

［1］Bernanke B. The Federal Reserve and the Financial Crisis. Princeton, NJ: Princeton University Press, 2012.

［2］Carney M. Value(s). Toronto, Signal, 2021.

［3］Chellaney B. Water, Peace and War. Lanham, MD: Rowman & Littlefield, 2013.

［4］Diamond J. Guns, Germs, and Steel. New York: W.W. Norton and Company, 1997.

［5］Edelman. Edelman Trust Barometer 2020 Global Report, 2020.

［6］Freeland C. Plutocrats. Toronto: Doubleday Canada, 2012.

［7］Friedman TL. The World Is Flat. New York: Farrar, Straus and Giroux, 2005.

［8］Galbraith JK. The Age of Uncertainty. Boston: Houghton Mifflin Company, 1977.

［9］Goodhart C, M Pradhan. The Great Demographic Reversal. Cham, Switzerland: Springer Nature Switzerland AG, 2020.

［10］Greenspan A. The Age of Turbulence. New York: Penguin

Books, 2007.

[11] Harberger AC. A Vision of the Growth Process. American Economic Review, 1998, 88 (I): 1-32.

[12] Harper SJ. Right Here, Right Now. Toronto: McClelland & Stewart, 2018.

[13] Haskel J, S Westlake. Capitalism without Capital. Princeton, NJ: Princeton University Press, 2018.

[14] Keynes JM. The General Theory of Employment, Interest and Money. London: Macmillan Press, 1936.

[15] Koonin S. Unsettled. Dallas: BenBella Books, 2021.

[16] Mian A, A Sufi. House of Debt. Chicago: University of Chicago Press, 2014.

[17] Piketty T. Capital in the Twenty-First Century. Cambridge MA: Belknap Press, 2014.

[18] Roberts W, The Leadership Secrets of Attila the Hun. New York: Warner Books, 1985.

[19] Roberts W, B Ross. Make It So. New York: Pocket Books, 1995.

[20] Roser M. Tourism Our World in Data.org, 2017.

[21] Ruben J. The Expendables. Toronto: Random House Canada, 2020.

[22] Schumpeter J. Capitalism, Socialism and Democracy. New York: Harperand Brothers, 1942.

[23] Schwab K. The Fourth Industrial Revolution. New York: Crown Business, 2016.

［24］Schwab K, Malleret T. COVID-19: The Great Reset. Geneva: Forum Publishing, 2020.

［25］Sull, Donald. The Upside of Turbulence. Toronto: Harper Collins, 2009.

［26］Taleb Nassim Nicholas. The Black Swan. London: Penguin Group, 2007.

［27］Volcker P, C Harper. Keeping at It. New York: Hachette Book Group, 2018.

［28］World Economic Forum. 2020. The Future of Jobs Report 2020.

译后记

经济地基正在我们脚下转变，新冠疫情带来的危机并没有消散，世界变得更加不确定。无论是个体、企业还是政府，都对自身的财务未来充满担忧。经济学家、加拿大中央银行前行长斯蒂芬·波洛兹撰写了《下一个不确定的时代》，这本重磅又易懂的指南勾勒出正在塑造我们未来的强大构造力。这些力量包括人口老龄化、技术进步、收入不平等加剧、债务增长和气候变化。五种构造力的影响在我们生活的每个方面产生连锁反应，包括就业市场、房地产市场、投资环境、政府和央行政策以及企业在社会中的角色等。疫情使这些构造力加速发展。

斯蒂芬·波洛兹巧妙地辩称，过去的危机，从19世纪末的维多利亚大萧条到2008年的最近一次经济衰退，向我们展示了未来几十年将会发生的情景。与地震的纯粹破坏力不同，未来几十年必将发生的动荡会提供意想不到的机遇。

《下一个不确定的时代》不仅对雇主、投资者和决策者具有启示，对于围坐在餐桌旁讨论工作和房屋贷款续约的家庭来说，也是一本不可或缺的指南，帮助我们在充满风险的未来世界的断层线上航行。斯蒂芬·波洛兹是世界上非常重要的经济学家之一，拥有超过 40 年的经济和投资研究、中央银行业务和货币政策制定经验。他曾担任加拿大中央银行行长 7 年，在加拿大出口发展局任职 14 年。本书可谓是来自加拿大银行前行长的远见指南，揭示将塑造未来几十年的强大经济构造力。

书籍译校工作由法意编译团队六名译者合作完成，他们是王常阳、董岭晓、董璐瑶、薛媛、王雨桐、梁锐。全书的校对、统稿工作由赵高雅、张禹晗完成。

由于译者水平所限，书中错误或不妥之处在所难免，望读者予以批评指正。